配有网络课程和最新法规

机动车驾驶培训教练员岗前培训教材

人民交通出版社股份有限公司 编

人民交通出版社股份有限公司
北京

内 容 提 要

本书依据《机动车驾驶培训教学与考试大纲》，结合机动车驾驶培训教练员岗前培训实际需求编写而成，主要包括教练员的社会责任与职业道德、道路交通安全法律法规、教学方法与手段、规范化教学、安全文明驾驶意识的培养、紧急情况应急处置六部分内容。同时，本书以二维码的形式，配备了教练员应掌握的最新法律法规，以及由专家录课视频、二维动画、三维动画等组成的形式丰富的教练员岗前培训网络课程，方便机动车驾驶员培训机构对教练员开展全面、系统、立体的培训，全面提升教练员的从业能力。

本书可供机动车驾驶培训教练员岗前培训使用，也可供教练员日常教学参考。

图书在版编目（CIP）数据

机动车驾驶培训教练员岗前培训教材 / 人民交通出版社股份有限公司编 . —北京：人民交通出版社股份有限公司，2023.8
ISBN 978-7-114-18777-3

Ⅰ.①机… Ⅱ.①人… Ⅲ.①机动车－教练员－技术培训—教材 Ⅳ.① U471.3

中国国家版本馆 CIP 数据核字（2023）第 079979 号

声　明

本书所有文字、数据、图像、版式设计、插图等均受中华人民共和国宪法和著作权法保护。未经作者和人民交通出版社股份有限公司同意，任何单位、组织、个人不得以任何方式对本作品进行全部或局部的复制、转载、出版或变相出版。

任何侵犯本书权益的行为，人民交通出版社股份有限公司将依法追究其法律责任。

举报电话：（010）85285150

人民交通出版社股份有限公司

Jidongche Jiashi Peixun Jiaolianyuan Gang Qian Peixun Jiaocai

书　　名：	机动车驾驶培训教练员岗前培训教材
著 作 者：	人民交通出版社股份有限公司
责任编辑：	王金霞　屈闻聪
责任校对：	孙国靖　卢　弦
责任印制：	张　凯
出版发行：	人民交通出版社股份有限公司
地　　址：	（100011）北京市朝阳区安定门外外馆斜街3号
网　　址：	http://www.ccpcl.com.cn
销售电话：	（010）59757973
总 经 销：	人民交通出版社股份有限公司发行部
经　　销：	各地新华书店
印　　刷：	北京虎彩文化传播有限公司
开　　本：	787×1092　1/16
印　　张：	7.25
字　　数：	170千
版　　次：	2023年8月　第1版
印　　次：	2023年8月　第1次印刷
书　　号：	ISBN 978-7-114-18777-3
定　　价：	60.00元

（有印刷、装订质量问题的图书，由本公司负责调换）

编 写 组

王金霞　姚　旭　王　力　张　琼

苗　旭　袁建忠　范才彬

前言

现如今，我国已快速进入汽车社会。汽车以其机动、灵活、快捷的特点，极大方便了百姓出行，尤其是私人汽车的日益普及有效提升了家庭生活品质，更好地满足了居民多样化的出行需求。但是，汽车保有量和驾驶员数量的快速增长也给我国道路交通安全带来了巨大压力。从近年来我国道路交通事故统计数据来看，超过90%的涉及人员伤亡的交通事故都是由驾驶员因素引起的。因此，增强驾驶员的安全意识，引导驾驶员守法驾驶、规范驾驶、文明驾驶，对减少道路交通事故具有重大意义。机动车驾驶培训教练员（简称教练员）是指导驾驶学员学习驾驶技能的启蒙老师，对教练员加强管理，进行道路交通安全法律法规、教学技能、应急处置等相关内容的岗前培训，是保证驾驶培训质量、提高驾驶员素质的关键因素，对提升道路交通安全水平具有十分重要的意义。

本教材依据交通运输部和公安部于2022年3月联合发布的《机动车驾驶培训教学与考试大纲》（交运发〔2022〕36号）进行编写，全书突出"以人为本、规范教学、安全教学"的理念，通过多种教学方式引导教练员对不同类型的驾驶学员因材施教，重点培养学员的安全文明驾驶意识以及规范安全的驾驶技能。全书融合了最新的道路交通法律法规，注重教学中法规知识与操作技能的有机结合。本书通俗易懂，图文并茂，并辅以生动的案例，具有较强的可读性、针对性和实用性。

本书内容包括教练员的社会责任与职业道德、道路交通安全法律法规、教学方法与手段、规范化教学、安全文明驾驶意识的培养、紧急情况应急处置六部分内容，并通过配套的二维码，附有教练员应掌握的最新的法律法规，如《机动车驾驶员培训管理规定》（交通运输部令2022年第32号）、《机动车驾驶培训教学与考试大纲》（交运发〔2022〕36号）、《机动车驾驶证申领和使用规定》（公安部令第162号）、《道路交通安全违法行为记分管理办法》（公安部令第163号）等文件，方便读者学习与查阅。同时，扫描封面二维码，还可免费观看丰富多样的教练员岗前培训网络课程，方便机动驾驶员培训机构对教练员开展全面、系统、立体、生动的岗前培训，全面提升教练员的从业能力。

限于编者的经历和水平，书中难免有不妥或错误之处，敬请批评指正，以便再版修订时改正。

编　者

2023年6月

目 录

第一章 教练员的社会责任与职业道德 ………… 1
 第一节 教练员的社会责任 ………… 1
 第二节 教练员的职业道德 ………… 2

第二章 道路交通安全法律法规 ………… 4
 第一节 机动车驾驶员培训管理法规
    和相关标准 ………… 4
 第二节 道路交通法律法规 ………… 8

第三章 教学方法与手段 ………… 23
 第一节 教学方法 ………… 23
 第二节 常用教学手段 ………… 32
 第三节 教案的编写 ………… 46

第四章 规范化教学 ………… 57
 第一节 规范化教学基础 ………… 57
 第二节 按大纲开展规范化教学 ………… 61

第五章 安全文明驾驶意识的培养 ………… 83
 第一节 安全文明意识教育 ………… 83
 第二节 交通安全风险与事故预防教育 ………… 88

第六章 紧急情况应急处置 ………… 97
 第一节 培养紧急情况临危处置的意识和能力 …… 97
 第二节 事故现场的应急处置及常用伤员救护
    方法 ………… 102

第一章 教练员的社会责任与职业道德

教练员是道路交通安全知识、安全意识和安全驾驶技能的传授者，承担着维护道路交通秩序、保护道路交通参与者生命安全意识的责任，肩负着为社会培养安全合格的驾驶员、保障道路交通安全的重任。因此，教练员应树立牢固的社会责任感，养成良好的职业道德，具有健康的职业心理，确保机动车驾驶员培训行业健康、有序、高质量发展。

第一节 教练员的社会责任

随着群众生活水平的不断提升，汽车刚性需求保持旺盛，汽车保有量保持迅猛增长趋势。截至2022年底，全国机动车保有量达4.17亿辆，其中汽车3.19亿辆；机动车驾驶员达5.02亿人，其中汽车驾驶员超过4.64亿人。教练员作为安全驾驶的引路人，要有高度的社会责任感，要充分认识到驾驶员培训工作的重要意义，认真履行教练员职责，严格把好驾驶培训质量关，确保向社会输送安全文明的合格驾驶员，承担起保障道路交通安全的社会责任。

一 严峻的道路交通安全形势

道路交通系统是由人、车、道路、环境等因素构成的复杂动态系统。其中，驾驶员是具有思维和主观能动性的要素，既是车辆的操纵者、道路的使用者，也是交通环境的感受者和反馈者，是整个道路交通系统中最不稳定的因素。在2019年所有的道路交通事故中，由于驾驶员违法行为导致的交通事故共有20.6万起，占交通事故总数的83.24%，平均每天发生约560起；导致的死亡人数为5.45万人，占交通事故总死亡人数的86.88%，平均每天约150人死亡；导致的受伤人数为21.13万人，占交通事故总受伤人数的82.5%，平均每天约580人受伤；导致的直接经济损失约11.62亿元，占交通事故总经济损失的84.07%。驾驶员安全知识缺乏、对生命的漠视和不尊重、缺乏遵纪守法意识和文明驾驶意识，是造成交通事故的主要原因。

二 教练员应承担的社会责任

教练员要认真做好机动车驾驶员培训工作，培养驾驶员的安全文明行车意识。驾驶员安全文明行车不仅体现了驾驶员的安全文明素质，反映了道路交通的安全水平和文明程度，在一定程度上还体现了一个国家、一个民族、一个社会的文明程度。培养具有安全文明素质的驾驶员是夯实道路交通安全基础的重要保障，是提升人民群众生活品质的重要方面，是促进道路交通节能减排的重要环节。

驾驶员的安全驾驶，关系到自身和他人的生命和财产安全、家庭幸福以及社会的安定与和谐。因此，教练员作为构筑道路交通安全重要防线的主力军，应当深刻认识到自身工作对社会的重要意义，认识到所肩负的神圣使命，要具有高度的社会责任感。教练员的社会责任感，主要表现为热爱自己的工作岗位、热爱本职工作，紧密围绕驾驶员素质教育要求，对待每一位学员、每一次授课始终保持严谨、细致的工作作风，按要求规范施教，对学员驾驶技能训练严格要求、科学评价，不心浮气躁，不敷衍了事，从源头上注重培养学员安全文明意识，为社会培养大批安全文明的高素质驾驶员。

第二节　教练员的职业道德

职业道德是道德的重要组成部分。教练员职业道德是从教练员驾驶教学实践中引申出来的，是教练员在教学过程中从思想到行为应具备和必须遵循的行为规范和准则，是教练员在进行教学活动时，对整个社会所负的道德责任和义务。

一 教练员的职业道德要求

教练员具有良好的职业道德是做好驾驶教学工作的基础。教练员能自觉按职业道德要求来约束自己的教学行为至关重要。

1 爱岗敬业，立足驾驶培训

爱岗就是热爱自己的驾驶培训工作岗位，敬业就是要用一种恭敬严肃的态度对待自己的工作。教练员在教学中应热爱本职工作，自觉培养尽职尽责的责任感，忠于职守，出色完成教学任务。

2 诚实守信，服务学员

诚实就是为人真诚、坦率，不口是心非。守信就是在人际交往中恪守承诺，决不食言。诚信是做人之本，立业之道。教练员在教学中应忠诚于驾校，自觉维护驾校信誉，树立正确的服务意识，不断提高学员的满意度。

3 为人师表，廉洁从教

教练员应成为学员表率，"身教重于言教"，严于自律，精心维护好自己在学员心目中的形象。教练员在教学中应注重内在素质的提高，注重改善外在形象，自觉抵制不正之风。

4 遵章守法，珍爱生命

教练员在教学中要严格遵守交通法律法规，给学员作出榜样，让学员从培训开始就树立"安全第一、珍爱生命"的安全意识，并将遵章守法，珍爱生命的安全意识贯穿于教学全过程，防微杜渐，警钟长鸣。教练员在教学中应加强法律法规教育，遵守安全驾驶操作规程，坚持教学车辆安全检视。

二 教练员职业道德的培养

教练员的职业道德并非与生俱来或自发形成，而是通过后天学习，在驾驶教学过程中逐步培养而成的。教练员良好的职业道德培养方法主要有以下几种。

1 注重学习

学习是教练员道德培养的基础，要注意把理论学习与对榜样的学习结合起来，始终站在驾驶培训行业的前沿。

（1）学习汽车专业知识，从专业知识中提取精华传授给学员，不断提升自己的专业素养。

（2）向榜样学习，向驾驶培训行业先进人物、服务标兵和技术能手学习，主动了解他们的先进事迹，学习他们的优良品质，不断提升自己的道德境界。

2 自我激励

自我激励是教练员职业道德培养最积极的重要方法。

（1）目标激励：奋斗目标不仅仅意味着一个追求的方向，它还是一种重要的精神动力。切合实际的目标能激发人的潜能，目标越高，内驱力就越大，达到的道德境界也会越高。

（2）对比激励：对比是人们认识和分析事物时采用的一种方法，在职业道德培养过程中，教练员可以通过对比，发现自身优点并发扬扩大，发现不足则及时纠正，在差异中获得行为的动力，从而实现职业道德培养上的"比、学、赶、帮、超"。

（3）成效激励：任何一个教练员只要坚持职业道德培养，必会有所收获，对学员付出越多，收获的也会越多。这些收获可以给教练员带来心理上的充实、欣慰和满足感，也会为进一步深入培养职业道德增强动力。

3 自我省察

自我省察是职业道德培养的常用方法。教练员要经常对自己的职业行为自觉地进行检查、反省、剖析，对自己不良思想倾向做自我批评，严格约束自己，杜绝不良行为的发生。主要从以下几个方面做起：

（1）学会正确认识自己。教练员要想具有自知之明，充分认识到自己的缺点、错误和优势、成绩，不仅要有态度，还要采取人际比较、听取意见等方法，从客观条件、主观努力和现实水平等多方面评价自己，才能真正做到自知之明。

（2）要有承认错误的勇气。教练员在教学过程中出现错误、不足是难免的，只有勇于承认自己的错误、不足，避免错误、不足继续扩散，才能使自己的行为达到高标准。

（3）要有闻过则喜的精神。教练员虚心诚恳地听取日常学员对自己的评价、意见和建议，慎重、冷静地思考别人的意见，做到有则改之，无则加勉。

4 防微杜渐

防微杜渐是教练员职业道德培养的重要方法。高尚的职业道德是强调教练员要时刻注意在教学过程中细节问题的谨慎心理，通过细节养成良好的职业行为习惯，逐步提升教练员的道德境界。

（1）慎独。慎独是指教练员一个人独处或在无人监督的时候，还能非常谨慎地注意自己的思想和行为，不做违背职业道德的事情。

（2）慎微。慎微是指教练员不能眼高手低，只注重大事而不注意小事和小节。教练员要勤于实践，从身边点滴小事做起。

（3）慎始。慎始是指教练员在教学过程中自始至终都要谨慎。教练员要认真对待教学过程中的每个"第一次"，谨防第一次错误言行的发生，把好第一关，主动发现自身的不足并不断改进，在实际行动中接受学员的监督。

教练员职业道德培养是一项艰巨的任务，是一个长期的过程，只有持之以恒，永不懈怠，才能使自己成为一名具有良好职业道德的教练员，为驾驶培训事业作出应有的贡献。

第二章 道路交通安全法律法规

道路交通安全法律法规是规范交通参与者的行为，维护道路交通秩序，构建安全与和谐交通社会的前提。本章重点介绍了机动车驾驶员培训管理法规和相关标准知识及道路交通安全法律法规知识。教练员不仅应深刻理解和熟练掌握这些法律、法规、标准知识，更重要的是能够知法、守法。

第一节 机动车驾驶员培训管理法规和相关标准

机动车驾驶员培训是道路运输相关业务的重要组成部分，是影响道路运输安全的重要因素。为了规范机动车驾驶员培训经营活动，维护机动车驾驶员培训市场秩序，保护各方当事人的合法权益，政府部门制定了系列法规和技术标准，主要包括《机动车驾驶员培训管理规定》（交通运输部令2022年第32号）、《道路运输从业人员管理规定》（交通运输部令2022年第38号）及《机动车驾驶人考试内容和方法》（GA 1026—2022）和《机动车驾驶员培训机构资格条件》（GB/T 30340—2013）等。教练员应理解这些法规和技术标准的内涵，以便在驾驶培训过程中做到遵章守法，规范施教。

一 机动车驾驶员培训管理相关规定

机动车驾驶员培训业务是指以培训学员的机动车驾驶能力或者以培训道路运输驾驶人员的从业能力为教学任务，为社会公众有偿提供驾驶培训服务的活动，包括对初学机动车驾驶人员、增加准驾车型的驾驶人员和道路运输驾驶人员所进行的驾驶培训、继续教育以及机动车驾驶员培训教练场经营等业务。

县级以上地方人民政府交通运输主管部门（以下简称交通运输主管部门）负责本行政区域内的机动车驾驶员培训管理工作。

1 机动车驾驶员培训业务的分类

机动车驾驶员培训依据经营项目、培训能力和培训内容实行分类备案。

机动车驾驶员培训业务根据经营项目分为普通机动车驾驶员培训、道路运输驾驶员从业资格培训和机动车驾驶员培训教练场经营三类。

普通机动车驾驶员培训根据培训能力分为一级普通机动车驾驶员培训、二级普通机动车驾驶员培训和三级普通机动车驾驶员培训三类。

道路运输驾驶员从业资格培训根据培训内容分为道路客货运输驾驶员从业资格培训和危险货物运输驾驶员从业资格培训两类。

从事三类（含三类）以上车型普通机动车驾驶员培训业务的，备案为一级普通机动车驾驶员培训；从事两类车型普通机动车驾驶员培训业务的，备案为二级普通机动车驾驶员培训；只从事一类车型普通机动车驾驶员培训业务的，备案为三级普通机动车驾驶员培训。

从事经营性道路旅客运输驾驶员、经营性道路货物运输驾驶员从业资格培训业务的，备案为道路客货运输驾驶员从业资格培训；从事道路危险货物运输驾驶员从业资格培训业务的，备案为危险货物运输驾驶员从业资格培训。

从事机动车驾驶员培训教练场经营业务的，备案为机动车驾驶员培训教练场经营。

2 机动车驾驶员培训业务的备案

① 备案条件

申请普通机动车驾驶员培训业务，应当具有符合有关国家标准的条件，部分内容见表2-1。

从事普通机动车驾驶员培训业务应具备的条件 表2-1

项　目	条　件
主体资格	取得企业法人资格
组织机构	有健全的组织机构，包括教学、教练员、学员、质量、安全、结业考核和设施设备管理等组织机构，并明确负责人、管理人员、教练员和其他人员的岗位职责
管理制度	有健全的管理制度，包括安全管理制度、教练员管理制度、学员管理制度、培训质量管理制度、结业考核制度、教学车辆管理制度、教学设施设备管理制度、教练场地管理制度、档案管理制度等
教学人员	有与培训业务相适应的教学人员，包括理论教练员、驾驶操作教练员
管理人员	有与培训业务相适应的管理人员，包括理论教学负责人、驾驶操作训练负责人、教学车辆管理人员、结业考核人员和计算机管理人员等
教学车辆	（1）教练车数量符合要求：一级普通机动车驾驶员培训机构的教练车总数应不少于80辆，二级普通机动车驾驶员培训机构的教练车总数应不少于40辆，三级普通机动车驾驶员培训机构的教练车总数应不少于20辆；（2）教练车应当符合国家有关技术标准要求，并装有副后视镜、副制动踏板、灭火器及其他安全防护装置；（3）教练车标识由省级交通运输主管部门负责制定
教学设施、设备和场地	有必要的教学设施、设备和场地

② 备案程序

从事机动车驾驶员培训业务的，应当依法向市场监督管理部门办理有关登记手续后，最迟不晚于开始经营活动的15日内，向所在地县级交通运输主管部门办理备案，并提交有关材料。县级交通运输主管部门收到备案材料后，对材料齐全且符合要求的，应当予以备案并编号归档；对材料不齐全或者不符合要求的，应当当场或者自收到备案材料之日起5日内一次性书面通知备案人需要补充的全部内容。

3 机动车驾驶员培训经营行为要求

（1）机动车驾驶员培训机构应当在备案地开展培训业务，不得采取异地培训、恶意压价、欺骗学员等不正当手段开展培训活动，不得允许社会车辆以其名义开展机动车驾驶员培训活动。

（2）机动车驾驶员培训机构应当按照全国统一的教学大纲内容和学时要求，制定教学计划，开展培训教学活动，建立教学日志、培训记录，向考核合格的学员颁发结业证书。学员档案保存期不少于4年。

（3）机动车驾驶员培训实行学时制，按照学时合理收取费用。对每个学员的理论培训时间每天不得超过6个学时，实际操作培训时间每天不得超过4个学时。

（4）机动车驾驶员培训机构应当使用符合标准并取得牌证、具有统一标识的教学车辆，在规定的教练场内培训。禁止使用报废的、检测不合格的和其他不符合国家规定的车辆从事机动车驾驶员培训业务。不得随意改变教学车辆的用途。

（5）机动车驾驶员培训机构在道路上进行培训活动，应当遵守公安机关交通管理部门指定的路线和时间，并在教练员随车指导下进行，与教学无关的人员不得乘坐教学车辆。

（6）机动车驾驶员培训机构应当按照有关规定向交通运输主管部门报送培训记录以及有关统计资料。

案例

培训记录

培训记录包含学员参加驾驶培训的基本信息，如每个科目的培训学时、学员签名、教练员签名、培训机构准考意见和管理机构审核意见，是督促培训机构严格执行教学大纲、教学计划，确保培训质量的重要途径。

教练员应按照统一的教学大纲规范施教，如实填写教学日志和培训记录。学员完成规定的学习内容和学时，申请相应科目考试时，应提供培训记录。培训记录须经交通运输主管部门核实，并存入培训机构为学员建立的档案，存档时间不少于4年。

注：①培训记录一式三份，在完成培训和考试所有程序后，培训机构、交通运输主管部门、公安机关交通管理部门车辆管理所各存一份。

②在预约科目一、科目二和科目三道路驾驶技能考试时，公安机关交通管理部门车辆管理所查验培训记录相应培训项目后，应将培训记录退还培训机构，在预约科目三安全文明驾驶常识考试时，公安机关交通管理部门车辆管理所查验培训记录第四部分培训项目后，应收存归档。

4 机动车驾驶员培训经营违法行为法律责任

机动车驾驶员培训经营违法行为的处罚措施见表2-2。

机动车驾驶员培训经营违法行为的处罚措施　　　　表2-2

经营违法行为	处罚措施
从事机动车驾驶员培训业务未按规定办理备案的	责令改正，拒不改正的，处5000元以上2万元以下的罚款
未按规定办理备案变更的	
提交虚假备案材料的	责令改正，拒不改正的，处5000元以上2万元以下的罚款；情节严重的，其直接负责的主管人员和其他直接责任人员5年内不得从事原备案的机动车驾驶员培训业务

续上表

经营违法行为	处罚措施
未按全国统一的教学大纲进行培训的	责令改正，拒不改正的，责令停业整顿
未在备案的教练场地开展基础和场地驾驶培训的	
未按规定组织学员结业考核或者未向培训结业的人员颁发《结业证书》的	
向未参加培训、未完成培训、未参加结业考核或者结业考核不合格的人员颁发《结业证书》的	
未在经营场所的醒目位置公示其经营项目、培训能力、培训车型、培训内容、收费项目、收费标准、教练员、教学场地、投诉方式、学员满意度评价参与方式等情况的	责令限期整改，逾期整改不合格的，予以通报批评
未按规定聘用教学人员的	
未按规定建立教练员档案、学员档案、教学车辆档案的	
未按规定报送《培训记录》、教练员档案主要信息和有关统计资料等信息的	
使用不符合规定的车辆及设施、设备从事教学活动的	
存在索取、收受学员财物或者谋取其他利益等不良行为的	
未按规定与学员签订培训合同的	
未按规定开展教练员岗前培训或者再教育的	
未定期开展教练员教学质量信誉考核或者未公布考核结果的	

二 教练员管理相关知识

1 教练员职业技能等级制度

2021年，教练员由水平评价类技能人员职业资格管理转变为社会化的职业技能等级认定。《机动车驾驶员培训管理规定》（交通运输部令2022年第32号）中明确规定，机动车驾驶培训教练员实行职业技能等级制度。鼓励机动车驾驶员培训机构优先聘用取得职业技能等级证书的人员担任教练员。目前，教练员可自愿选择在当地人力资源和社会保障部门备案的职业技能评价机构，按照《机动车驾驶教练员》国家职业技能标准进行职业技能等级认定。

2 教练员的资质条件

机动车驾驶培训教练员包括理论教练员、驾驶操作教练员、道路客货运输驾驶员从业资格培训教练员和危险货物运输驾驶员从业资格培训教练员。

1 理论教练员

（1）取得机动车驾驶证，具有2年以上安全驾驶经历；

（2）具有汽车及相关专业中专以上学历或者汽车及相关专业中级以上技术职称；

（3）掌握道路交通安全法规、驾驶理论、机动车构造、交通安全心理学、常用伤员急救等安全驾驶知识，了解车辆环保和节约能源的有关知识，了解教育学、教育心理学的基本教学知识，具备编写教案、规范讲解的授课能力。

2 驾驶操作教练员

（1）取得相应的机动车驾驶证，符合安全驾驶经历和相应车型驾驶经历的要求；

（2）年龄不超过60周岁；

（3）熟悉道路交通安全法规、驾驶理论、机动车构造、交通安全心理学和应急驾驶的基本知识，了解车辆维护和常见故障诊断等有关知识，具备驾驶要领讲解、驾驶动作示范、指导驾驶的教学能力。

3 道路客货运输驾驶员从业资格培训教练员

（1）具有汽车及相关专业大专以上学历或者汽车及相关专业高级以上技术职称；

（2）掌握道路旅客运输法规、货物运输法规以及机动车维修、货物装卸保管和旅客急救等相关知识，具备相应的授课能力；

（3）具有2年以上从事普通机动车驾驶培训的教学经历，且近2年无不良的教学记录。

4 危险货物运输驾驶员从业资格培训教练员

（1）具有化工及相关专业大专以上学历或者化工及相关专业高级以上技术职称；

（2）掌握危险货物运输法规、危险化学品特性、包装容器使用方法、职业安全防护和应急救援等知识，具备相应的授课能力；

（3）具有2年以上化工及相关专业的教学经历，且近2年无不良的教学记录。

3 教练员管理

县级以上交通运输主管部门负责本行政区域内机动车驾驶培训教练员的管理工作。鼓励教练员同时具备理论教练员和驾驶操作教练员的教学水平。教练员应当按照统一的教学大纲规范施教，并如实填写《教学日志》和《培训记录》。机动车驾驶员培训机构应当对教练员进行道路交通安全法律法规、教学技能、应急处置等相关内容的岗前培训，加强对教练员的职业道德教育和驾驶新知识、新技术的再教育，对教练员每年进行至少一周的培训，提高教练员的职业素质，应当加强对教练员教学情况的监督检查，定期开展教练员教学质量信誉考核，公布考核结果，督促教练员提高教学质量。

4 教练员违法行为法律责任

教练员有下列情形之一的，由交通运输主管部门责令限期整改；逾期整改不合格的，予以通报批评：

（1）未按全国统一的教学大纲进行教学的；

（2）填写《教学日志》《培训记录》弄虚作假的；

（3）教学过程中有道路交通安全违法行为或者造成交通事故的；

（4）存在索取、收受学员财物或者谋取其他利益等不良行为的；

（5）未按规定参加岗前培训或者再教育的；

（6）在教学过程中将教学车辆交给与教学无关人员驾驶的。

第二节　道路交通法律法规

一　机动车

机动车使用与管理的相关规定，主要包括机动车登记、牌证使用、安全技术检验和报废等几个方面。

1 机动车登记

我国对机动车实行登记制度，即机动车经公安机关交通管理部门登记、核发机动车号牌后，方可上道路行驶。尚未登记的机动车，需要临时上道路行驶的，应当取得临时通行牌证。

2 机动车牌证使用

驾驶机动车上道路行驶，应当按以下要求使用车辆牌证：

（1）应随车携带机动车行驶证，并在机动车前窗右上角放置检验合格标志、保险标志。

（2）在车前、车后指定位置悬挂机动车号牌，并保持号牌清晰、完整，不得故意遮挡、污损。

（3）机动车喷涂、粘贴标识或者车身广告时，不得影响安全驾驶。

3 机动车安全技术检验

机动车安全技术检验制度是防止"带病"机动车上路，减少道路交通安全隐患，确保机动车安全行驶的重要举措。机动车安全技术检验主要包括注册登记安全技术检验和定期安全技术检验。

（1）注册登记安全技术检验。机动车申请注册登记时，应当接受安全技术检验，但是经国家机动车产品主管部门依据机动车国家安全技术标准认定的企业生产的机动车车型，该车型的新车在出厂时经检验已符合机动车国家安全技术标准，获得检验合格证的，可免予安全技术检验。

（2）定期安全技术检验。对登记后上道路行驶的机动车，应当依照法律法规的规定，根据车辆用途、载客（货）数量、使用年限等情况，定期进行安全技术检验。机动车进行安全技术检验时，机动车行驶证记载的登记内容与该机动车的有关情况不符，或者未按照规定提供机动车第三者责任强制保险凭证的，不予通过检验，具体检验标准见表2-3。面包车、非法改装被依法处罚的机动车以及造成人员伤亡交通事故的车辆在10年内的检查要求更加严格，面包车、非法改装被依法处罚的以及造成人员伤亡交通事故的小型、微型非营运载客汽车在第6年、第8年、第10年应各检验1次；非法改装被依法处罚或造成人员伤亡交通事故的摩托车在第6年至第10年，每年检验1次。

机动车定期安全技术检验标准　　　　表2-3

车　　型	第6年、第10年各检验1次	每年检验1次	每6个月检验1次
小型、微型非营运载客汽车	10年以内	超过10年	—
营运载客汽车	—	5年以内	超过5年
载货汽车和大型、中型非营运载客汽车	—	10年以内	超过10年
摩托车	10年以内	超过10年	—
专用校车	—	—	自注册登记之日起
非专用校车	—	—	自取得校车标牌后
其他机动车	—	自注册登记之日起	—

4 机动车报废

国家实行机动车强制报废制度，根据机动车的安全技术状况和不同用途，规定不同的报废标准。达到报废标准的机动车不得上道路行驶。根据《机动车强制报废标准规定》（商务部　发改委　公安部　环境保护部令2012年第12号），已注册机动车有下列情形之一的应当强制报废，其所有人应当将机动车交售给报废机动车回收拆解企业，由报废机动车回收拆解企业按规定进行登记、拆解、销毁等处理，并将报废的机动车登记证书、号牌、行驶证交公安机关交通管理部门注销：

（1）达到规定的使用年限的，比如小型教练载客汽车使用10年，中型教练载客汽车使用12年，大型教练载客汽车使用15年。

（2）经修理和调整仍不符合国家机动车安全技术标准对在用车有关要求的。

（3）经修理和调整或者采用控制技术后，向大气排放污染物或者噪声仍不符合国家标准对在用车有关要求的。

（4）在检验有效期届满后连续3个机动

车安全技术检验周期内未取得机动车检验合格标志的。

国家对达到一定行驶里程的机动车实施引导报废，比如小型和中型教练载客汽车行驶50万km以上的，大型教练载客汽车行驶60万km以上的，建议机动车所有人申请报废。

二 机动车驾驶员

机动车驾驶员的规定主要包括驾驶证申领与培训、驾驶证考试、驾驶证使用、驾驶员的行为要求等几个方面。

1 驾驶证申领与考试

申请机动车驾驶证，应当符合公安机关交通管理部门规定的驾驶许可条件，比如年龄条件、身体条件（包括身高、视力、辨色力、听力、上下肢体条件）等。

公安机关交通管理部门对申请机动车驾驶证的人员进行考试，经考试合格后，核发与申请准驾车型相应类别的机动车驾驶证。

机动车驾驶员考试内容分为道路交通安全法律、法规和相关知识考试（以下简称"科目一"）、基础和场地驾驶技能考试（以下简称"科目二"）、道路驾驶技能和安全文明驾驶常识考试（以下简称"科目三"）。

2 驾驶证使用

（1）记分制度。公安机关交通管理部门对机动车驾驶员违反道路交通安全法律、法规的行为，除依法给予行政处罚外，实行累积记分制度，记分周期为12个月，满分为12分。依据道路交通违法行为的严重程度，一次记分的分值为：12分、9分、6分、3分、1分，共5种。

机动车驾驶员在一个记分周期内记分未达到12分，所处罚款已经缴纳的，记分予以清除；记分虽未达到12分，但尚有罚款未缴纳的，记分转入下一个记分周期。

对在一个记分周期内累积记分达到12分的，由公安机关交通管理部门扣留其机动车驾驶证，该机动车驾驶员应当按照规定参加道路交通安全法律、法规和相关知识的学习并接受考试。经满分学习、考试合格且罚款已缴纳的，记分予以清除，发还机动车驾驶证；考试不合格的，继续参加学习和考试。机动车驾驶员拒不参加学习、考试的，由公安机关交通管理部门公告其机动车驾驶证停止使用。

机动车驾驶员在一个记分周期内有两次累积记分达到12分或者累积记分达到24分未达到36分的，除扣留机动车驾驶证，参加道路交通安全法律、法规和相关知识的学习和考试外，还应当接受道路驾驶技能考试。

机动车驾驶员在一个记分周期内三次以上累积记分达到12分或者累积记分达到36分的，除扣留机动车驾驶证，参加道路交通安全法律、法规和相关知识的学习和考试外，还应当参加场地驾驶技能和道路驾驶技能考试。

（2）驾驶实习期。机动车驾驶员初次取得汽车类准驾车型或者初次取得摩托车类准驾车型后的12个月为实习期。在实习期内驾驶机动车的，应当在车身后部粘贴或者悬挂统一式样的实习标志。机动车驾驶员在实习期内不得驾驶公共汽车、营运客车或者执行任务的警车、消防车、救护车、工程救险车以及载有爆炸物品、易燃易爆化学物品、剧毒或者放射性等危险物品的机动车，驾驶的机动车不得牵引挂车。

驾驶员在实习期内驾驶机动车上高速公路行驶，应当由持相应或者包含其准驾车型驾驶证3年以上的驾驶员陪同。其中，驾驶残疾人专用小型自动挡载客汽车的，可以由持有小型自动挡载客汽车以上准驾车型驾驶证的驾驶员陪同。

（3）驾驶证的有效期。机动车驾驶证上注有驾驶证的有效期，分为6年、10年和长期有效3种。在6年有效期内，每个记分周期均未达到12分的，换发10年有效期的机动车驾驶证；在机动车驾驶证的10年有效期内，每个记分周期均未达到12分的，换发长期有效的机动车驾驶证。

机动车驾驶员应当在驾驶证的有效期内驾驶机动车。机动车驾驶员在驾驶证的有效期满前90日内，需申请换证，并提交身份证明及有关身体条件证明。

3 安全驾驶要求

（1）驾驶员应当按照驾驶证载明的准驾车型驾驶机动车并在驾车时随身携带机动车驾驶证。

（2）机动车驾驶员在机动车驾驶证遗失、损毁、超过有效期、被依法扣留、暂扣期间以及记分达到12分的，不得驾驶机动车。

（3）饮酒、服用国家管制的精神药品或者麻醉药品，患有妨碍安全驾驶机动车的疾病，过度疲劳影响安全驾驶的，均不得驾驶机动车。

（4）驾驶员驾驶机动车上道路行驶前，应当对机动车的安全技术性能进行认真检查，不得驾驶安全设施不全或者机件不符合技术标准等具有安全隐患的机动车。

（5）机动车驾驶员应当遵守道路交通安全法律法规的规定，按照操作规范安全驾驶、文明驾驶。

（6）任何人不得强迫、指使、纵容驾驶员违反道路交通安全法律法规和机动车安全驾驶要求驾驶机动车。

 小知识

典型重大交通违法行为

根据《道路交通安全违法行为记分管理办法》（公安部令第163号）中的违法行为记分分值规定，机动车驾驶员有下列违法行为之一，一次记12分：

（1）饮酒后驾驶机动车的；

（2）造成致人轻伤以上或者死亡的交通事故后逃逸，尚不构成犯罪的；

（3）使用伪造、变造的机动车号牌、行驶证、驾驶证、校车标牌或者使用其他机动车号牌、行驶证的；

（4）驾驶校车、公路客运汽车、旅游客运汽车载人超过核定人数20%以上，或者驾驶其他载客汽车载人超过核定人数100%以上的；

（5）驾驶校车、中型以上载客载货汽车、危险物品运输车辆在高速公路、城市快速路上行驶超过规定时速20%以上，或者驾驶其他机动车在高速公路、城市快速路上行驶超过规定时速50%以上的；

（6）驾驶机动车在高速公路、城市快速路上倒车、逆行、穿越中央分隔带掉头的；

（7）代替实际机动车驾驶员接受交通违法行为处罚和记分牟取经济利益的。

三 道路交通信号

道路交通信号是科学分配通行权，促进交通参与者之间的相互交流，保障道路通行安全和通行秩序的重要载体，包括交通信号灯、道路交通标志和标线、交通警察指挥手势。

1 交通信号灯

交通信号灯是利用图形符号和不同的颜色向交通参与者传递特定信息的设施，是交通信号的重要组成部分，其类型和功能见表2-4。

2 道路交通标志

道路交通标志是用图形符号、颜色和文字向交通参与者传递特定信息的道路交通信号，用于管理交通的设施，其类型和作用见表2-5。

交通信号灯的类型和作用　　　　　　表2-4

分类	图例	作用
机动车信号灯		指挥机动车、非机动车通行。绿灯亮时，准许车辆通行，但转弯的车辆不得妨碍被放行的直行车辆、行人通行；黄灯亮时，已越过停止线的车辆可以继续通行；红灯亮时，禁止车辆通行，但右转弯的车辆在不妨碍被放行的车辆、行人通行的情况下，可以通行
非机动车信号灯		
人行横道信号灯		一般设在人流较多的重要交叉路口的人行横道两端，指挥行人通行。绿灯亮时，准许行人通过人行横道；红灯亮时，禁止行人进入人行横道，但是已经进入人行横道的，可以继续通过或者在道路中心线处停留等候
车道信号灯		一般安装在需要单独指挥的车道上方，只对在该车道行驶的车辆起指挥作用，其他车道的车辆和行人仍按规定信号行驶。绿色箭头灯亮时，准许本车道车辆按指示方向通行；红色叉形灯或者箭头灯亮时，禁止本车道车辆通行
方向指示信号灯		一般安装在交通繁忙、需要引导交通流的交叉路口，是指挥机动车行驶方向的专用指示信号。信号灯的箭头方向向左、向上、向右分别表示左转、直行、右转
闪光警告信号灯		闪光警告信号灯为持续闪烁的黄灯，一般设在有危险的路口或路段，提示车辆、行人通行时注意瞭望，确认安全后通过

分类	图例	作用
道路与铁路平面交叉道口信号灯		两个红灯交替闪烁或者一个红灯亮时，表示禁止车辆、行人通行；红灯熄灭时，表示允许车辆、行人通行

道路交通标志的类型和作用 表2-5

分类		特征	
		实物图举例	作用
主标志	警告标志		警告道路使用者注意道路、交通的标志
	禁令标志		禁止或限制道路使用者交通行为的标志
	指示标志		指示道路使用者应遵循的标志
	指路标志		传递道路方向、地点、距离信息的标志
	旅游区标志		提供旅游景点方向、距离的标志
辅助标志			附设在主标志下，起辅助说明作用的标志
告示标志			解释道路设施、指引路外设施或告示有关道路交通安全法规及交通管理安全行车的提醒等内容

3 道路交通标线

道路交通标线是由施划或安装于道路上的各种线条、箭头、文字、图案及立面标记、实体标记、突起路标和轮廓标等构成的交通设施，它的作用是向道路使用者传递有关道路交通的规则、警告、指引等信息，可以与标志配合使用，也可以单独使用。

（1）指示标线——指示车行道、行车方向、路面边缘、人行道、停车位、停靠站及减速丘等的标线。

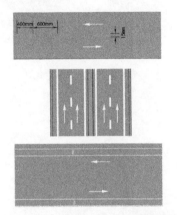

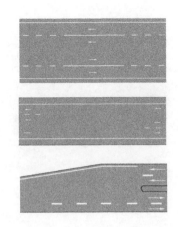

（3）警告标线——促使道路使用者了解道路上的特殊情况，提高警觉准备应变防范措施的标线。

（2）禁止标线——告示道路交通的遵行、禁止、限制等特殊规定的标线。机动车驾驶员及行人必须严格遵守。

4 交通警察指挥手势

交通警察指挥手势主要有8种类型，见表2-6。

交通警察指挥手势　　　　　表2-6

类型	图例	指挥动作	作用
停止信号	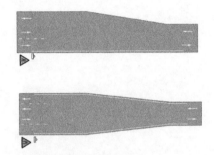	左臂由前向上直伸，掌心向前	不准前方车辆通行
直行信号		左臂向左平伸，掌心向前；右臂向右平伸，掌心向前，向左摆动，掌心向内	准许右方直行的车辆通行

续上表

类　型	图　例	指挥动作	作　用
左转弯信号		右臂向前平伸，掌心向前；左臂与手掌平直向右前方摆动，掌心向右	准许车辆左转弯，在不妨碍被放行车辆通行的情况下可以掉头
左转弯待转信号		左臂向左下方平伸，掌心向下，左臂与手掌平直向下方摆动	准许左方左转弯的车辆进入路口，沿左转弯行驶方向靠近路口中心，等待左转弯信号
右转弯信号		左臂向前平伸，掌心向前；右臂与手掌平直向左前方摆动，手掌向左	准许右方的车辆右转弯
变道信号		面向来车方向，右臂向前平伸，掌心向左；右臂向左水平摆动	示意车辆腾空指定的车道，减速慢行
减速慢行信号		右臂向右前方平伸，掌心向下；右臂与手掌平直向下方摆动	示意车辆减速慢行
示意车辆靠边停车信号		面向来车方向，左臂由前向上平伸，掌心向前；右臂向前下方平伸，掌心向左；右臂向左水平摆动	示意车辆靠边停车

第二章　道路交通安全法律法规

车辆应当按照交通信号的规定通行。遇有交通警察现场指挥时，应当按照交通警察的指挥通行；在没有设置交通信号的道路上，应在确保安全、畅通的原则下通行。

四 道路通行规定

道路通行规定中与机动车驾驶员密切相关的内容包括一般规定、机动车通行的规定和高速公路的特别规定等，它们是确保道路交通安全、有序和畅通的基础，是机动车驾驶员参与交通必须遵守的交通规则，教练员必须让学员理解和掌握。

1 一般规定

（1）右侧通行。机动车、非机动车实行右侧通行。在道路同方向划有2条以上机动车道的，左侧为快速车道，右侧为慢速车道。在快速车道行驶的机动车应当按照快速车道规定的速度行驶，未达到快速车道规定的行驶速度的，应当在慢速车道行驶。摩托车应当在最右侧车道行驶。慢速车道内的机动车超越前车时，可以借用快速车道行驶。

（2）分道通行。根据道路条件和通行需要，道路划分为机动车道、非机动车道和人行道时，机动车、非机动车、行人实行分道通行。没有划分机动车道、非机动车道和人行道时，机动车在道路中间通行，非机动车和行人在道路两侧通行。

2 车辆装载规定

（1）机动车载人不得超过核定的人数，客运机动车不得违反规定载货。

（2）机动车载物应当符合核定的载质量，严禁超载；载物的长、宽、高不得违反装载要求，不得遗洒、飘散载运物。禁止货运机动车载客。货运机动车需要附载作业人员的，应当设置保护作业人员的安全措施。

（3）机动车运载超限且不可解体的物品，影响交通安全的，应当按照公安机关交通管理部门指定的时间、路线、速度行驶，悬挂明显标志。在公路上运载超限的不可解体的物品，并应当依照公路法的规定执行。

（4）机动车载运爆炸物品、易燃易爆化学物品以及剧毒、放射性等危险物品，应当经公安机关批准后，按指定的时间、路线、速度行驶，悬挂警示标志并采取必要的安全措施。

3 速度与距离规定

（1）机动车上道路行驶，不得超过限速标志、标线标明的速度。在没有限速标志、标线的路段，应当保持安全车速，即在没有道路中心线的城市道路，最高行驶速度为30km/h；在没有道路中心线的公路，最高行驶速度为40km/h；同方向只有1条机动车道的城市道路，最高行驶速度为50km/h；同方向只有1条机动车道的公路，最高行驶速度为70km/h。

> **案例**
>
> **湿滑路面超载行驶　车辆甩尾驶出路面**
>
> 某年7月2日9时20分，湖南省慈利县某驾校教练员李某驾驶自己的一辆小型汽车，搭载驾校的4名学员参加完大中型客货车科目二考试结束后返回。9时38分，当车辆行驶至张家界市永定区南庄坪办事处阴山八米桥路段时，因雨天路滑、车速过快（车速为71.7km/h），车辆甩尾侧滑驶出道路路面撞到行道树，造成1名学员当场死亡、其余乘员均受重伤。

（2）进出非机动车道，通过铁路道口、急弯路、窄路、窄桥时，最高行驶速度不得超过30km/h。

（3）在冰雪、泥泞的道路上行驶，或者遇有雾、雨、雪、沙尘、冰雹，能见度在50m以内时，最高行驶速度不得超过30km/h。

（4）设计最高车速低于70km/h的机动车，不得进入高速公路。高速公路限速标志标明的最高车速不得超过120km/h，最低车速不得低于60km/h。在高速公路上行驶的小型载客汽车最高车速不得超过120km/h，其他机动车不得超过100km/h，摩托车不得超过80km/h。

（5）机动车在高速公路上行驶，车速超过100km/h时，应当与同车道的前车保持100m以上的距离；车速低于100km/h时，与同车道的前车距离可以适当缩短，但最小距离不得小于50m。高速公路安全间距具体规定见表2-7。

高速公路安全间距的规定　　　　　表2-7

交通情况	灯光的使用	车速	安全距离
能见度小于200m	开启雾灯、近光灯、示廓灯和前后位灯	不超过60km/h	与同车道前车保持100m以上
能见度小于100m	开启雾灯、近光灯、示廓灯、前后位灯和危险报警闪光灯	不超过40km/h	与同车道前车保持50m以上
能见度小于50m	开启雾灯、近光灯、示廓灯、前后位灯和危险报警闪光灯	不超过20km/h	保持足够的安全距离

4　车辆灯光使用规定

（1）车辆向左转弯、向左变更车道、准备超车、驶离停车地点或者掉头时，应当提前开启左转向灯；向右转弯、向右变更车道、超车完毕驶回原车道、靠路边停车时，应当提前开启右转向灯。

（2）机动车在夜间没有路灯、照明不良或者遇有雾、雨、雪、沙尘、冰雹等低能见度情况下行驶时，应当开启前照灯、示廓灯和后位灯，但同方向行驶的后车与前车近距离行驶时，不得使用远光灯。机动车雾天行驶应当开启雾灯和危险报警闪光灯。

（3）夜间会车应当在距相对方向来车150m以外改用近光灯，在窄路、窄桥与非机动车会车时应当使用近光灯。车辆在夜间通过急弯、坡路、拱桥、人行横道或者没有交通信号灯控制的路口时，应当交替使用远近光灯示意。

5 通过交叉路口的规定

（1）机动车通过交叉路口，应当按照交通信号灯、交通标志、交通标线或者交通警察的指挥通过；通过没有交通信号灯、交通标志、交通标线或者交通警察指挥的交叉路口时，应当减速慢行，并让行人和优先通行的车辆先行。

（2）机动车通过有交通信号灯控制的交叉路口时，准备进入环形路口的让已在路口内的机动车先行；在没有方向指示信号灯的交叉路口，转弯的机动车让直行的车辆、行人先行，相对方向行驶的右转弯机动车让左转弯车辆先行。

（3）机动车通过没有交通信号灯控制也没有交通警察指挥的交叉路口时，有交通标志、标线控制的，让优先通行的一方先行；没有交通标志、标线控制的，在进入路口前停车瞭望，让右方道路的来车先行；转弯的机动车让直行的车辆先行；相对方向行驶的右转弯的机动车让左转弯的车辆先行。

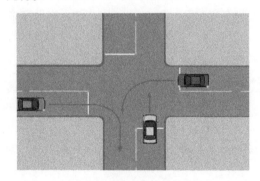

案例

路口行车不守规则　抢行酿成碰撞事故

2022年11月，江西龙南市，当地某驾校工作人员李某驾驶教练车，行至路口时闯红灯左转弯，与一辆正常直行的黑色小车相撞。事故造成两车受损，其中黑车受损严重。交警调查后认定，李某闯红灯导致事故，承担全部责任。经鉴定，黑车车辆损失高达11万元。

（4）机动车行经人行横道时，应当减速行驶；遇行人正在通过人行横道，应当停车让行；行经没有交通信号的道路，遇行人横过道路时，应当避让。

（5）机动车通过铁路道口时，应当按照交通信号或者管理人员的指挥通行；没有交通信号或者管理人员的，应当减速或者停车，在确认安全后通过。

（6）机动车遇有前方交叉路口交通阻塞时，应当依次停在路口以外等候，不得进入路口。在没有交通信号灯、交通标志、交通标线和交通警察指挥的交叉路口，遇到停车排队等候或者缓慢行驶时，机动车应当依次交替通行。

6 超车规定

机动车超车时，应当提前开启左转向灯，变换使用远、近光灯或者鸣喇叭。在没有道路中心线或者同方向只有1条机动车道的道路上，前车遇后车发出超车信号时，在条件许可的情况下，应当降低速度、靠右让路。后车应当在确认有充足的安全距离后，从前车的左侧超越，在与被超车辆拉开必要的安全距离后，开启右转向灯，驶回原车道。禁止超车的具体情况及潜在危险见表2-8。

禁止超车的具体情况及潜在的危险分析 表2-8

禁止超车的情况	负面影响或者潜在的危险
前车正在左转弯、掉头	后车没有超车的足够空间，如果强行超车，可能会造成交通事故
前车正在超车	会形成多车并行，危险性增加
与对面来车有会车可能	可能面临同时应对会车、超车的情况，增加了行车的危险性
前车为执行紧急任务的警车、消防车、救护车、工程救险车	会影响特种车辆的优先通行，影响特种车辆执行紧急任务
行经铁路道口、交叉路口、窄桥、弯道、陡坡、隧道、人行横道、市区交通流量大的路段等没有超车条件的	道路情况或交通情况没有提供超车的条件，如果强行超车，可能会造成交通事故

7 停放车辆规定

路边临时停车应当紧靠道路右侧，车辆停稳前不得开车门和上下人员，开关车门不得妨碍其他车辆和行人通行。遇下列情形之一的，不得在道路上临时停车：

（1）在设有禁停标志、标线的路段，在机动车道与非机动车道、人行道之间设有隔离设施的路段以及人行横道、施工地段，不得停车。

（2）在交叉路口、铁路道口、急弯路、宽度不足4m的窄路、桥梁、陡坡、隧道以及距离上述地点50m以内的路段，不得停车。

（3）在公共汽车站、急救站、加油站、消防栓或者消防队（站）门前以及距离上述地点30m以内的路段，除使用上述设施的以外，不得停车。

五 道路交通事故处理

交通事故一方面给人民的生命和财产带来损害和损失，另一方面往往由于轻微交通事故没能得到及时的处理，造成交通堵塞，降低了道路通行能力。因此，教练员需要让学员了解如何正确、快速地进行交通事故现场处理和交通事故赔偿等方面的知识。

1 道路交通事故现场处理

在道路上发生交通事故，车辆驾驶员应当立即停车，保护现场；造成人身伤亡的，车辆驾驶员应当立即抢救受伤人员，并迅速报告执勤的交通警察或者公安机关交通管理部门。因抢救受伤人员变动现场的，应当标明位置。

机动车与机动车或非机动车发生未造成人身伤亡的交通事故，当事人对事实及成因无争议的，在记录交通事故的时间、地点、对方当事人的姓名和联系方式、机动车牌号、驾驶证号、保险凭证号、碰撞部位，并共同签名后，撤离现场，自行协商损害赔偿事宜。

发生下列情况之一的，应立即报警并保护现场等候处理，不得驶离：

（1）造成人员死亡、受伤的；

（2）驾驶员无有效机动车驾驶证或者驾驶的机动车与驾驶证载明的准驾车型不符的；

（3）驾驶员有饮酒、服用国家管制的精神药品或者麻醉药品嫌疑的；

（4）驾驶员有从事校车业务或者旅客运输，严重超过额定乘员载客，或者严重超过规定时速行驶嫌疑的；

（5）机动车无号牌或者使用伪造、变造的号牌的；

（6）当事人不能自行移动车辆的；

（7）一方当事人离开现场的；

（8）有证据证明事故是由一方故意造成的。

2 道路交通事故责任

机动车之间发生交通事故的，由有过错的一方承担责任；双方都有过错的，按照各自过错的比例分担责任。

机动车与非机动车驾驶员、行人之间发生交通事故的，非机动车驾驶员、行人没有过错的，由机动车一方承担赔偿责任；有证据证明非机动车驾驶员、行人有过错的，根据过错程度适当减轻机动车一方的赔偿责任；机动车一方没有过错的，承担不超过百分之十的赔偿责任。交通事故的损失是由非机动车驾驶员、行人故意造成的，机动车一方不承担责任。

发生交通事故后当事人逃逸的，逃逸的当事人承担全部责任，但是，有证据证明对方当事人也有过错的，可以减轻责任。

驾驶员违反交通运输管理法规，发生重大事故致人重伤、死亡或者使公私财产遭受重大损失的，处3年以下有期徒刑或者拘役；交通运输肇事后逃逸或者有其他特别恶劣情节的，处3年以上7年以下有期徒刑；因逃逸致人死亡的，处7年以上有期徒刑。在道路上驾驶机动车追逐竞驶，情节恶劣的；醉酒驾驶机动车的；从事校车业务或者旅客运输，严重超过额定乘员载客，或者严重超过规定时速行驶的；违反危险化学品安全管理规定运输危险化学品，危及公共安全的，处拘役，并处罚金。

六 法律责任

法律责任是对道路交通违法行为的处罚。通过对违法行为的制裁，以达到培养交通参与者的守法意识，规范交通参与者参与交通行为的目的。

1 行政处罚的种类

对道路交通安全违法行为的处罚种类包括：警告、罚款、暂扣或者吊销机动车驾驶证、拘留。处罚的种类及含义见表2-9。

道路交通安全违法行为行政处罚的种类　　表2-9

行为处罚的种类	含　义
警告	对违反道路交通安全法律法规，情节轻微，未影响道路通行，后果不严重的道路交通安全违法行为实施的强制性告诫措施

续上表

行为处罚的种类	含 义
罚款	强制道路交通安全违法行为人当场或者在规定的期限内缴纳一定数额金钱的行政处罚措施
暂扣机动车驾驶证	因机动车驾驶员的道路交通安全违法行为而暂停其驾驶资格的处罚措施
吊销机动车驾驶证	对发生重大交通事故构成犯罪,或者具有肇事后逃逸行为,以及其他违反道路交通法规的机动车驾驶员实施的取消其驾驶资格的处罚手段
拘留	对道路交通安全违法行为人实施的在短时间内限制其人身自由的行政处罚

2 道路交通安全违法行为的处罚措施

部分道路交通安全违法行为的处罚措施见表2-10。

部分道路交通安全违法行为的处罚措施　　　　表2-10

违法行为	处罚措施
机动车驾驶员违反道路交通安全法律法规关于道路通行规定的	处警告或者20元以上200元以下罚款
故意遮挡、污损或者不按规定安装机动车号牌的	
未取得机动车驾驶证、机动车驾驶证被吊销或者机动车驾驶证被暂扣期间驾驶机动车的	处200元以上2000元以下罚款,可以并处15日以下拘留
造成交通事故后逃逸,尚不构成犯罪的	
强迫机动车驾驶员违反道路交通安全法律、法规和机动车安全驾驶要求驾驶机动车,造成交通事故,尚不构成犯罪的	
违反交通管制的规定强行通行,不听劝阻的	
故意损毁、移动、涂改交通设施,造成危害后果,尚不构成犯罪的	
非法拦截、扣留机动车辆,不听劝阻,造成交通严重阻塞或者较大财产损失的	
将机动车交由未取得机动车驾驶证或者机动车驾驶证被吊销、暂扣的人驾驶的	处200元以上2000元以下罚款,可以并处吊销机动车驾驶证
机动车行驶超过规定时速50%的	
饮酒后驾驶机动车的	处暂扣6个月机动车驾驶证,并处1000元以上2000元以下罚款
因饮酒后驾驶机动车被处罚,再次饮酒后驾驶机动车的	处10日以下拘留,并处1000元以上2000元以下罚款,吊销机动车驾驶证
饮酒后驾驶营运机动车的	处15日拘留,并处5000元罚款,吊销机动车驾驶证,5年内不得重新取得机动车驾驶证
醉酒后驾驶机动车的	由公安机关交通管理部门约束至酒醒,吊销机动车驾驶证,依法追究刑事责任;5年内不得重新取得机动车驾驶证
醉酒后驾驶营运机动车的	由公安机关交通管理部门约束至酒醒,吊销机动车驾驶证,依法追究刑事责任;10年内不得重新取得机动车驾驶证,重新取得机动车驾驶证后,不得驾驶营运机动车
饮酒后或者醉酒驾驶机动车发生重大交通事故,构成犯罪的	依法追究刑事责任,并由公安机关交通管理部门吊销机动车驾驶证,终生不得重新取得机动车驾驶证
被查获有吸食、注射毒品后驾驶机动车行为,依法被责令社区戒毒、社区康复或者决定强制隔离戒毒,或者长期服用依赖性精神药品成瘾尚未戒除的	车辆管理所应当注销其机动车驾驶证

续上表

违法行为	处罚措施
公路客运车辆载客超过额定乘员的；货运机动车超过核定载质量的	处200元以上500元以下罚款，由公安机关交通管理部门扣留机动车至违法状态消除
公路客运车辆载客超过额定乘员20%或者违反规定载货的；货运机动车超过核定载质量30%或者违反规定载客的	处500元以上2000元以下罚款，由公安机关交通管理部门扣留机动车至违法状态消除

3 行政强制措施

除了行政处罚外，公安机关交通管理部门还可以依法在现场采取一些行政强制措施，包括以下几个方面：

（1）扣留车辆；

（2）扣留机动车驾驶证；

（3）拖移机动车；

（4）收缴非法牌证、装置及拼装或报废的机动车；

（5）检验体内酒精、国家管制的精神药品、麻醉药品含量。

第三章 教学方法与手段

机动车驾驶培训是一项具有特殊性要求的教学工作，教练员要掌握学员的心理特点和行为特点，掌握教育心理学的基本知识，遵循教学规律和原则，运用合适的教学方法和教学手段，提高培训效率，取得较好的培训效果。掌握规范的教学方法和必要的教学技能，是对教练员的基本要求，也是保证教学质量的基础。

第一节 教学方法

一、常用教学模式及特点

教学模式是按照一定的教学理论、教学原则和教学经验，围绕一定的教学目标而形成的相对稳定的规范化教学程序和操作体系。教学模式实质上就是教练员在教学实践中，针对不同的教学内容和教学方式，综合教学过程的诸多因素，系统而有步骤地组织和完成教学活动的相对稳定的形式。

1. 理论教学模式及特点

理论教学模式的特点是依据学员的认知规律，充分挖掘学员理解和掌握知识的潜能，使学员在单位时间内迅速有效地掌握较多的信息。同时，注重教练员在教学过程中的主导地位和作用，结合现代互动教学的理念，使教练员的讲授与学员学习构成一个相互配合的有机整体。例如，教练员通过运用案例和情景教学，引导学员主动参与，帮助学员建立印象思维模式，使教与学相互影响和相互作用，从而共同完成教学任务，实现教学目标。

运用理论教学模式时，教练员通过导入新课、讲解内容、总结练习和布置作业等环节进行教学，学员通过建立有效的学习动机、理解教学内容、巩固知识和运用知识等环节来获取新知识。

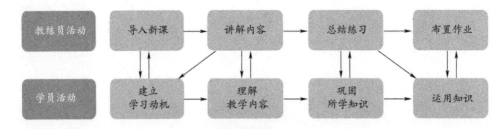

理论教学流程图

1 导入新课

导入新课是为讲解新教学内容作铺垫，目的是激发学员的学习兴趣，建立学习动机。教练员可以利用与本次课主题相关的生动案例或直观的教学手段为学员提供感性认识，引导学员产生学习新知识的强烈愿望，为后续的教学活动打下良好的基础。

2 讲解内容

讲授新的教学内容是理论教学的主体部分和中心环节，目的是使学员系统地学习交通法规和安全驾驶知识，能够由感性认识上升到理性认识。

3 总结练习

总结练习是一节课结束前对所讲授的内容进行归纳总结、练习和巩固，目的是让学员理解、掌握当堂课的内容，并通过实际应用加深记忆，发现不足时，教练员能够在后续教学中及时作相应的调整。总结练习的形式主要有：

（1）教练员对知识结构体系的总结，对重点、难点的点评，帮助学员理清思路，把握重点；

（2）教练员提问，让学员回答，及时了解教学效果，并作为课后填写教学日志的依据。

4 布置作业

布置作业是教练员选择教材中的习题或者自己设计一些与本次课内容相关的习题，让学员去思考和回答，其目的是引导学员学习的自觉性和主动性，使学员通过自学，进一步理解和巩固所学知识，从而培养学员独立运用知识解决实际问题的能力。

教练员作为教学活动的管理者，在正式上课前需要先稳定学员的情绪，使学员做好上课准备；在教学过程中，控制好课堂秩序，为学员创造良好的教学情境，如出现学员注意力分散、课堂秩序混乱等情况时，教练员应及时、有效地制止。

2 操作技能训练模式及特点

学员主要通过实际操作训练来熟练掌握驾驶技能，包括基础驾驶技能、各种路况下的规范驾驶技能以及特殊条件下的安全驾驶技能等。在实际操作教学中，教练员主要采用操作技能训练模式组织教学。

操作技能训练模式的特点是教练员利用特定的教学设备和教学场所，通过向学员讲解动作要领、动作示范、指导练习、训练讲评等环节开展教学活动，学员则通过了解动作活动的构成、建立动作的定向印象、进行动作的模仿练习、完成动作整合、形成动作的自然顺畅等环节，使驾驶操作技能与大脑反应之间保持有效的神经联系。

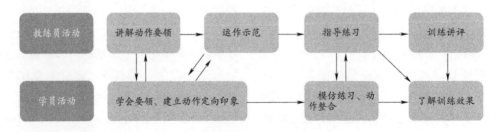

操作技能训练流程图

1 讲解动作要领

在训练开始时，教练员首先需要向学员说明本次训练的项目、内容、基本要求、训练难点和训练安排，并对复杂动作进行合理的分解，帮助学员了解本次训练的内容和应达到的目标，领会动作要领，建立正确的操作技术概念。讲解动作要领时，应介绍动作的名称、作用、基本原理和技术要求等，抓住操作要点和规范，并指出学员操作中易犯的错误。

2 动作示范

在动作要领讲解清楚后，规范、正确地向学员示范动作是培养学员掌握驾驶操作技能的重要环节，通过示范将讲解不清楚的细微动作直观表现出来，为学员提供模仿的榜样。

教练员示范动作时应当姿势正确、动作规范，对于复杂的动作，应进行分解动作示范，并做到分解动作示范与整体动作示范相结合，讲解和示范相结合，示范速度的快与慢相结合。必要时，教练员可以将正确的动作和错误的动作做比较，便于学员领会，建立动作定向。

3 指导练习

学员通过听觉和视觉获得了大量的动作信息后，可以以此为依据开始模仿练习。教练员应随车对学员的练习进行监督指导，帮助学员及时发现并纠正错误，以免养成不良的操作习惯。此外，教练员应对学员做得好的方面和犯的错误进行记录，作为训练讲评的依据。

动作练习是一个单调枯燥的过程，安排练习不合理，学员往往容易产生烦躁情绪和疲劳感，使学习兴趣降低。教练员应当根据学员对动作的掌握程度，变换练习方式，调整练习次数、练习时间和每次练习之间的时间间隔，提高学员训练的积极性和主动性。当学员的操作技能达到一定的熟练程度时，教练员应适当增加动作难度，提高对动作稳定性和速度的要求，并改变教学环境，让学员体会各种实际驾驶中可能出现的交通情况，帮助学员提高驾驶技能。

4 训练讲评

训练讲评是教练员在结束驾驶训练前，对学员训练情况的及时总结和分析，包括学员对动作的掌握情况、训练中存在的问题、需要加强的方面等，从而帮助学员了解自己训练的效果，及时发现不足，争取在下次的训练中加以改进。训练讲评对学员掌握驾驶技能具有非常重要的意义，是教练员填写教学日志的基本依据。

3 模拟教学模式及特点

模拟教学模式是在具备驾驶模拟器或模拟情景等教学条件的前提下，由教练员指导学员在模拟设备上或模拟情景下进行训练。模拟教学的特点是能够弥补客观条件不足，节约能源，利于环保，提高培训效率，同时允许学员在训练过程中操作失误，增强教学的安全性。模拟教学法与实际操作技能训练教学流程相似，只是之前需要将模拟设备或模拟情景调试或布置好，教练员需提前做好教学准备。

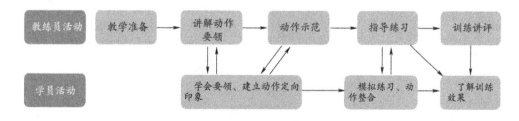

模拟教学流程图

1 教学准备

教练员首先应按照《机动车驾驶培训教学与考试大纲》（以下简称《教学与考试大纲》）的要求，从教学目标、教学内容的特点、学员状况等实际出发，确定哪些教学内容适合采用模拟教学。其次，教练员要制订科目教学计划，包括教学目的、实施过程、模拟交通情况、可能出现的问题等，这样才能更好地发挥指导作用。最后，教练员要准备教学设备，并在课前进行预演，以确保教学的正常进行。

2 讲解动作要领

在开始操作前，教练员需要向学员说明设备的使用方法、训练项目和内容，介绍动作的操作要领、操作要点和规范，提醒学员在操作过程中容易犯的错误，使学员建立感性认识。

3 动作示范

教练员应正确规范地向学员示范动作，让学员对动作有更深刻的理解和认识，并且为学员树立模仿的榜样。

4 指导练习

该环节中，教练员应当从学员实际情况出发，确定教学模拟程序，尽量做到和实际操作训练的教学过程相一致。与实车训练不同的是，教练员要注意引导学员端正训练态度，充分调动学员的主观能动性，并根据具体情况及时指导，及时纠正错误，避免学员养成不良习惯。

5 训练讲评

训练讲评是教练员在结束模拟训练前，对学员模拟训练情况的及时总结和分析，包括学员在训练中普遍存在的问题、还需加强的方面等，从而帮助学员了解自己训练的效果，及时改进不足。

二 常用教学方法

教学方法包括教练员"教"的方式方法与学员"学"的方式方法。常用的教学方法有讲授教学法、演示教学法、示范教学法、模拟教学法、纠错教学法和训练与复习教学法等。教练员应根据教学项目、教学内容、教学目标、学员特点和教学条件等因素，灵活选择和使用教学方法，并通过观察了解学员的学习情况，对教学方法进行适当的调整，以提高教学效果和教学质量。

1 讲授教学法

讲授教学法主要有讲解、述说两种方式。

讲解是指教练员针对某个主题，向学员作解释。在讲解过程中，教练员要注意表述条理清晰，语言通俗易懂且用语文明。此外，教练员在讲解之前，应说明所讲解内容的教学目的。例如学习"道路交通安全法""机动车基本知识"的意义等。

述说是指教练员讲述亲身经历、见闻或现实生活中发生的事情，例如讲述与自己熟识的驾驶员的经历，某次轮胎爆裂时的驾驶经历等。教练员在述说前应先告诉学员准备讲述故事。在讲述过程中，学员会产生身临其境的情景，并将该主题铭记在心。此外，讲述的目的必须明确，最好设置一个悬念，一般在故事的结尾揭开。

在讲解和述说的同时，教练员往往会根据内容的需要，穿插运用多媒体动画、录像、图片、实物和模型模具等对所述内容进行演示。

1 教学准备

教练员首先应按照《教学与考试大纲》的要求，从教学目标、教学内容的特点、学员状况等实际出发，确定哪些教学内容适合采用讲授教学，怎样教学。其次，教练员要制订科目教学计划，包括教学目的、实施过程、需要的教学设备与教具、可能出现的问题等，这样才能更好地发挥指导作用。最后，教练员要准备教学设备与教具，并在课前进行预演，以确保教学的正常进行。

❷ 讲授教学法的特点

讲授教学法在教学活动中是最为重要的教学方式之一，主要有以下五个方面特点。

（1）教学效率高。教练员能够在短时间内，直接、系统地传授驾驶教学中的专题知识和技术原理，为后续实际操作训练打下基础。

（2）教学的主动性强。教练员比较容易控制教学内容和教学时间，有利于教练员充分发挥教学的主导作用。

（3）具有较强的适应性和灵活性。教练员能够根据学员的反应，及时调整授课进度，吸引学员的注意力。

（4）讲授过程中穿插演示教学，有助于培养学员的观察能力和思维能力，激发学员学习的兴趣，调动学员学习的积极性。

（5）讲授教学法的实施效果，很大程度上取决于教练员个人的语言表达能力。在教学过程中，如果教练员把握不当，容易造成学员在教学过程中处于被动思维和被动学习的状态，影响学员学习的效果。

❸ 讲授教学法的应用

讲授教学法应用广泛，可以应用于理论教学的各个教学项目，特别是对于内在逻辑性强或需要做总体概况介绍、关联分析和说明的教学内容，采用讲授教学方法教学非常有效。如在介绍道路交通安全法律、法规制定背景和法律体系的框架结构时，宜采用讲授教学方法。

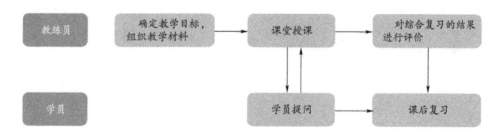

讲授教学法示意图

讲授中穿插的演示教学是以直观感知为主的教学方法，适合于抽象内容的教学。例如，《教学与考试大纲》中第一部分的"车辆结构常识""车辆性能"，教练员可以采用直观教学模型或多媒体动画来教学。

应用讲授教学法时应注意以下事项。

（1）教练员在讲课前应认真备课，熟练掌握《教学与考试大纲》和教材中的重点、难点，熟知学员必须掌握的基础知识、重点内容及难点。

（2）在讲授时，先让学员对教学项目形成基本的认识，在学习过程中做到心中有数。

（3）在讲授时，要抓住教学重点和难点，突出主题，语言流畅、生动有趣，条理清楚，层次分明，时间控制合理。

（4）在讲授时，教练员讲述的内容要富有启发性，并适当运用直观的教学手段，如多媒体课件教学，使教学内容深入浅出，便于学员理解。同时，教练员还应激发学员兴趣，活跃学员思维，引导学员产生学习的内在动力。

（5）教练员要围绕教学目标选取课后复习的内容，同时考虑到教学内容的难易程度、学员现有的知识结构和学习能力。

在运用演示教学时，教练员还需要注意以下事项。

（1）教练员应当根据教学内容和教学目的选取合适的演示工具，并在课前预演一次。

（2）教练员可以先讲解内容再进行演示，也可以先演示再进行讲解，还可以边演示、边讲解。演示时，应尽量让学员都能看清楚演示的过程。

（3）在演示前，教练员要提出明确的观察要求，让学员带着问题观察，引导学员把注意力集中于演示内容的主要方面。

（4）每次演示的时间不宜过长，否则容易造成学员注意力不集中。

2 示范教学法

示范教学法是按照学员操作技能的形成规律，遵循由易到难、由简到繁、循序渐进的原则，通过对训练科目动作的分析，将其分解为若干相互衔接的简单基本动作，向学员进行讲解、示范；同时，让学员通过模仿练习，掌握基本动作并整合形成连贯动作，最后熟练掌握动作，并形成动作定势的教学方法。

1 示范教学法的特点

（1）培养学员的感性认识，建立动作定向印象。教练员通过自己的示范和讲解，使学员对动作获得感性的认识。

（2）便于学员理解和模仿。示范教学法强调学员的观察能力和领悟能力。在实施过程中，教练员先给学员示范动作操作要领，学员在旁边观察、思考并加以模仿，通过反复练习掌握该动作。

2 示范教学法的应用

示范教学法是教练员在实操教学中常用的方法之一，尤其是在学员学习基础驾驶阶段，如《教学与考试大纲》第二部分的"操纵装置的规范操作"和"场地驾驶"等。

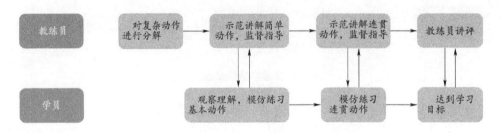

示范教学法示意图

示范教学法应用的注意事项包括以下五个方面。

（1）教练员对训练科目的动作本身要有深刻的认识，能够对复杂动作进行合理的分解。

（2）训练开始时，教练员先介绍与本次训练相关的基本知识，让学员明确练习的目的和要求。

（3）教练员在进行动作示范前，先对动作进行简单讲解，再准确、规范地进行示范（也可以适当夸张地示范某个动作过程，便于学员看清来龙去脉）。在学员练习过程中，要随车指导，及时纠正错误动作。

（4）教练员指导学员练习，要循序渐进，先求动作的准确，再求动作的迅速；每次练习的时间不宜过长，次数不宜过多，避免重复性练习使学员对学习感到枯燥乏味。

（5）教练员应利用训练中间的休息时间或在当天训练结束前，对学员练习的效果进行讲评，使学员了解训练的结果，包括训练中的进步和不足，明确今后训练的重点，保持练车的积极性和热情。

3 模拟教学法

模拟教学法是在教练员的指导下，通过创设一种情景和条件，让学员在这种情景和条件下反复练习，进而获得驾驶知识和驾驶技能的方法。模拟教学法包括模拟设备教学和模拟情景教学。

模拟设备教学以硬件模拟设备或多媒体动画模拟软件作为教学的支撑，如采用驾驶模拟器进行冰雪天、雨天等特殊天气下的驾驶模拟训练。模拟情景教学是指模拟某一驾驶活动，如模拟车辆突然发生故障需要临时停车，让学员模拟现场处置；在教练场内道路设置障碍，让学员模拟通过障碍物路段的训练等。

❶ 模拟教学法的特点

（1）模拟教学法是一种行为引导型教学模式，学员通过模拟角色、模拟操作程序等，达到理论与实际操作的统一。

（2）模拟教学法有助于学员获得感性认识、建立动作定向印象，提高学员上车训练的心理适应性，帮助学员更牢固地掌握知识和技能。

（3）模拟设备教学具有很好的安全性，可以避免学员因操作失误而产生不安全的后果，学员一旦失误可重新再进行操作。

❷ 模拟教学法的应用

模拟教学法可用于学员的基本动作训练、恶劣条件下的驾驶等教学项目。例如，《教学与考试大纲》第二部分的"操纵装置的规范操作""模拟紧急情况处置"等。

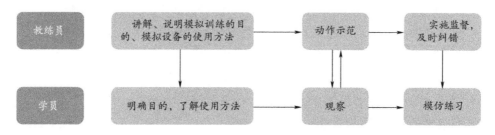

模拟教学法示意图

模拟教学法应用的注意事项包括三点。

（1）在开展模拟训练的过程中，教练员应当对学员的训练进行监督，发现错误及时纠正，对学员的训练效果进行评价，及时调整训练。

（2）教练员要注意培养学员良好的安全意识，引导学员在训练过程中形成严肃、认真的训练态度，避免不良习惯的养成。

（3）模拟情境训练中，教练员要注意保障教学安全。

4 纠错教学法

纠错教学法是在教练员的指导下，为纠正学员在驾驶技能和驾驶行为方面存在的问题而采用的教学方法，其目的是通过教学互动使学员正确掌握驾驶技能和树立良好的驾驶行为习惯，是驾驶教学中一种常用和必须掌握的教学方法。

1 纠错教学法的特点

学员在学习驾驶过程中，往往会出现许多错误的动作，如果教练员能进一步帮助学员分析错误原因，提出纠正错误的方法，有助于保证培训质量，提高学员安全文明驾驶水平。

2 纠错教学法的应用

学员掌握规范化操作技能需要通过不断练习，及时纠错，才能达到手脚配合默契、运用自如，才能规范操作，安全文明驾驶。因此，纠错教学法可用于《教学与考试大纲》中第一部分的"道路交通信号""驾驶行为"，第二部分的"基础驾驶""场地驾驶"，第四部分的"安全、文明驾驶知识""恶劣气象和复杂道路条件下的安全驾驶知识""紧急情况临危处置""发生交通事故后的处置"等教学项目。

纠错教学法应用时的注意事项如下。

（1）教练员应引导学员针对练习中出现的错误动作进行反思，如"为何总是起步熄火，是知识上的原因，还是操作上原因？如何才能做到以后起步不再犯同样的错误？"教练员应告诉学员相应的纠错方法，改正不良的操作习惯。

（2）教练员要随车指导，及时了解学员练习的效果，作出评价。让学员知道每次练习正确与否，不断地给学员鼓励、督促，调控好学员情绪，引导学员正确对待错误，增强学员的信心。

（3）教练员在纠错的过程中，注意要透过现象抓住错误的本质，多角度地分析，提出纠正方法，激发学员学习兴趣，达到事半功倍的效果。

案例

车辆通过无行人通行的人行横道的驾驶方法

教学目的：

（1）熟悉纠正错误法是指导驾驶教学中的一种方法；

（2）掌握教学中各种错误现象、原因和纠错的方法。

教学重难点：通过观看3D动画，模拟驾驶教学场景，模仿学员错误动作，能及时描述错误现象，指出错误原因，提出纠错方法。

错误现象：车辆通过无行人通行的人行横道时未减速。

错误原因：没有掌握通过无行人通行的人行横道的规定。

错误方法纠正。

（1）认真学习、掌握机动车通过无行人通行的人行横道的规定，增强安全意识。

（2）《中华人民共和国道路交通安全法》规定，机动车通过没有行人行经的人行横道应当减速行驶。减速的含义是应降低原来的行驶速度。

（3）减速的方法视交通情况确定，一是松抬加速踏板，利用发动机低转速牵阻制动缓慢降低车速；二是踏下行车制动踏板快速降低车速。

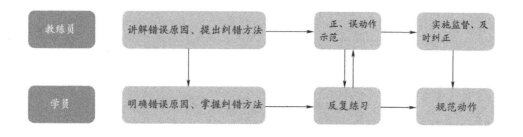

纠错教学法示意图

5 训练与复习教学法

训练与复习教学法是通过综合训练与复习，不断提升学员综合运用所学知识和技能的能力，尽可能地使学员的技能掌握程度达到培训要求的教学方法。

1 训练与复习教学法的特点

（1）训练与复习教学法是对学员训练效果的一种阶段性总结。学员训练完成一个阶段后，教练员应当及时对学员进行考核，以便了解学员这个阶段的训练效果，确定能否转入下一个阶段的训练，或者确定在下一个阶段的重点训练内容。教练员在训练过程中，应考虑对自己的教学还需要做哪些改进，从而实现教学阶段的协调性与持续性。

（2）提高训练的针对性。学员通过阶段性的综合训练，可以认识到自己存在的不足，以便在后续阶段提高训练的针对性，做到有的放矢。

（3）巩固所学的知识。学员通过阶段性的综合训练、复习已经学过的科目，巩固所掌握的知识并在大脑中形成深刻记忆，将学过的东西长期储存到大脑中并由此将机械动作转变成下意识的动作。

2 训练与复习教学法的应用

《教学与考试大纲》把学员的驾驶培训分为四个部分，并在每个部分规定了一定学时的综合复习及考核。教练员可以根据《教学与考试大纲》的安排，在每个训练科目结束时，结合先进的教学手段，采用训练与复习教学法。例如，教练员采用教学磁板或多媒体动画模拟软件考核学员对"文明礼让"知识的掌握程度。

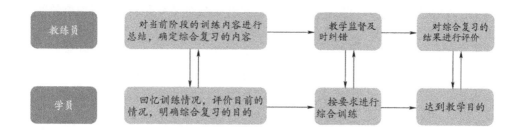

训练与复习教学法示意图

训练与复习教学法的应用注意事项：

（1）教练员选择综合复习的时间要适当；

（2）每次综合复习完成之后，要进行分析，以便在下一阶段中能有针对性地进行训练；

（3）综合复习的内容要与学员培训的目的和要求相吻合。

选择教学方法的原则

教练员可以按照以下原则选择合适的教学方法。

1. 根据驾驶培训教学项目的特点进行选择

驾驶培训的教学目标和教学任务要通过具体内容和教学项目的教学得以完成，教学方法要满足具体训练项目内容的需要。例如，理论教学适宜选用讲授、演示和自学辅导的方法，而实操训练需要通过实际动作训练才能达到目的。

教练员应根据各阶段目标组织实施教学，并结合整体目标，正确地把握所承担的具体教学项目以及每个课时所要达到的教学目标和教学任务，科学地选择教学方法。

2. 根据学员的学习特点进行选择

学员的知识储备、生理和心理等诸方面的存在差异，影响其对驾驶技能的学习能力，例如，有的学员动作掌握得快，而有的学员动作掌握得慢。教练员应当以人为本，在了解学员的生理和心理特点、学习的自觉性和学习态度、对各种教学方法的接受程度等基础上，选择合适的教学方法。如果学员学习能力强，学习进步快，可以多采用讲授、练习等方法；如果学员学习基础较差，学习进步慢，则可以多采用演示、示范等更为直观的方法。

3. 根据教练员自身的条件进行选择

选择教学方法要符合教练员自身的特点，包括教练员对教学方法及其运用范围的了解程度、运用教学方法的能力、教学风格和习惯等。教练员要扬长避短，选择自己擅长的教学方法。例如，口头表达能力强的教练员，运用讲授教学法效果较好；擅长操作教学的教练员，运用示范教学法、模拟教学法等教学效果较好。

4. 根据教学项目的时间安排及教学设备等条件进行选择

各种教学方法实施的步骤不同，要求的教学时间就会有差异。教学条件的不同，也会对教学方法的选择有限制作用。因此，一方面，应当按照相关要求选购教学设备，规范设计教练场地，为教学创造良好条件；另一方面，教练员应当根据《教学与考试大纲》以及教学安排，科学选择教学方法，并在限定时间内完成教学任务。

第二节 常用教学手段

常用的教学手段包括多媒体、教学磁板、教练车、驾驶模拟器、教学模具等。多媒体、教学磁板和驾驶模拟器等现代化教学手段的应用，使教学变得更加直观、灵活，互动性更强，便于学员理解和接受教学内容，更能充分调动学员学习的兴趣和主动性，提升教学效果。

在教学活动中，教练员要依据教学内容和教学目标选择合适的教学工具，不能一味追求新奇，违背教学项目训练的基本原理和实际需求，要注意传统教学手段和现代化教学手段的有机结合。

一 多媒体教学

多媒体是综合计算机、图像处理、教育学等众多学科与技术的一门综合性技术，集文字、图形、图像、声音和动画等多种信息于一体，能充分调动学员的视觉和听觉感官。多媒体教学是指在驾驶培训过程中，教练员根据教学目标和教学内容，通过教学设计，合理选择和运用现代化的教学设备，并与传统的教学手段有机结合，共同参与教学的全过程，以多种媒体信息作用于学员，形成合理的教学过程结构，达到最优化的教学效果。

1 录像教学

录像是指根据教学内容和教学目标的需要设置某些场景，利用摄像设备录制下来，并配以相应的解说，从而形成兼具视觉信息和听觉信息的教学素材。教学过程中，教练员通过影视播放设备和投影幕等，向学员展现符合本次教学项目的录像，帮助学员理解和掌握该部分知识。例如，在讲授道路交通安全知识的同时，播放相关的事故案例教学录像，促进学员安全意识的培养。

① 录像教学的特点

（1）教学内容具有真实性。录像通常反映真实的场景，不包含夸张的成分，学员在观看教学片的过程中，会有一种身临其境的感觉，从而激发学员的学习兴趣，提高学员的理解力。

（2）教学的风格统一。录像的教学场景、解说语气和速度等在制作过程中就已经确定，在教学过程中始终保持统一，从而可以完全克服因教练员教学风格、教学能力的差异所带来的不同教学效果的问题。

（3）教学具有重复性。录像能够被重复使用，因此，学员不易理解的地方，教练员可以有针对性地重复播放。

② 录像教学在驾驶培训中的应用

录像教学主要用来强化学员树立遵章守法的意识教育，或者根据某个教学主题，讲授安全驾驶的理论知识。例如，《教学与考试大纲》第一部分的"法律、法规及道路交通信号""机动车基本知识"以及第四部分的"安全、文明驾驶知识"。

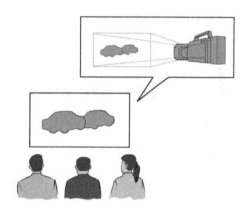

教练员运用录像教学时，有以下几方面的注意事项。

（1）教练员要根据教学内容和教学目标的需要选择录像素材。

（2）选择播放录像的合适时机。对某个问题带有探讨性和设问性的录像片段，适宜在刚开始上课播放，引出本次教学的主题；对某种现象带有解释性的录像片段，则适宜教练员对该问题有一定的分析后再播放，让学员更容易理解；对教学内容带有总结性的录像片段，则适宜在本次课即将结束时播放，以加深学员的印象。

（3）录像片段的连续播放时间不宜过长，否则学员容易注意力不集中。

（4）对录像作适当的讲评。虽然很多录像配有专业的解说，但是，对于教学的重点、难点，教练员还应当作适当的讲解。录像（尤其是较长的录像片段）播放结束后，教练员应当作简单的总结，以加深学员的印象。

2 动画模拟教学

动画模拟教学是指在教学过程中，利用动画模拟软件来表现某个主题或者解释某种现象。例如，模拟真实的交通场景或者汽车某总成的工作原理等。它能够增强教学的生动性、趣味性，提高学员学习兴趣，从而达到良好的教学效果。

① 动画模拟教学的特点

动画模拟应用于教学具有以下几方面的特点。

（1）教学内容直观。动画模拟软件不仅可以模仿简单的交通场景，还能够将比较复杂、通常难以捕捉的交通状况非常直观、形象地表现出来。

（2）教学过程生动、有趣。动画中的元素表现形式灵活多样，整体风格比较活泼，视觉效果好，容易吸引学员的注意力，可以调节严肃的课堂气氛，使教学变得更加生动有趣。

（3）教学更具互动性。动画模拟软件能够提供对交通参与者行为正确或错误的自动判断功能。教练员可以让学员参与到模拟过程中，检验学员对教学内容的理解和应用程度，并通过互动教学的方式，强化学员的印象，增强学员对教学内容的理解和掌握。

（4）教学更为灵活。动画模拟软件可以非常方便地提供大量的典型交通场景案例，如交叉路口交通冲突的解决、通过环岛的正确驾驶方法等，而且在案例中可以从不同交通参与者的角度来观察当前的交通状况，培养学员观察、分析和解决问题的能力。

② 动画模拟教学在驾驶培训中的应用

动画模拟教学主要用来将比较复杂、通常难以捕捉的交通场景，直观、形象地表现出来，如第一部分的"车辆结构常识"，第四部分的"文明礼让"等教学项目。

动画模拟教学可以使教学变得更加生动有趣，但是教练员需要注意以下几方面的问题。

（1）模拟演示时间分配不宜过多，能说明主题即可。动画模拟交通场景时，往往忽略了很多次要的因素，与现实情况之间存在差异，适当的演示可以提高教学的直观性、生动性，提高学员学习效率。但是，过多的动画演示又会使教学偏离实际，难以达到教学目标。

（2）针对演示的内容及时做出解释。动画的表现生动活泼，有时还略带夸张，因此，需要教练员对演示的内容及时做出解释。一方面，突出教学的重点、难点；另一方面，加强学员对知识的理解。

（3）增强学员的参与意识。动画模拟教学可以提高学员学习的兴趣，但更重要的是培养学员学习的主动性，提高教学互动性。因此，教练员要提醒学员不仅是观看，更多的是要参与到教学活动中来。

3 多媒体课件教学

多媒体课件是以计算机、多媒体等技术为基础，以学员为中心的计算机辅助教学工具。

① 多媒体课件教学的特点

多媒体课件教学具有以下几方面的特点。

（1）课件中只需体现纲要性的内容。多媒体课件在制作过程中，要根据教学内容和教学目标，明确教学主线，体现教学重点、难点。在教学过程中，教练员需熟悉教学内容，能根据提纲进行内容的扩展，掌握清晰的教学主题和教学的层次性。

（2）信息资源广泛。多媒体课件能够集成文字、图形、图像、动画和视频等多种媒体信息，具有强烈的视觉效果，使学员的抽象思维与形象思维有机地结合起来，增强学员学习的兴趣。丰富的信息资源在扩大教学知识信息量的同时，还能明显地提高教学效率，产生良好的教学效果。

 多媒体课件教学在驾驶培训中的应用

在理论授课中，课堂演示型多媒体课件教学应用非常广泛，《教学与考试大纲》四个部分的理论教学项目均可运用该种方法。

教练员在制作课件、选择课件和运用课件教学时，应注意以下事项。

（1）教学课件应当围绕教学内容和教学目标。教学课件是教练员授课的提纲和导向，如果与教学内容和教学目标有偏差，往往易使教练员偏离方向。

（2）课件应当有明确的主线。课件内容由表及里，便于学员对知识体系进行归类，使学员自如地掌握纵横线索，增强学员的问题意识，提高解决问题的能力，培养学员善于思考、善于设计以及高度概括的能力。

（3）适当插入图形、图像和动画等媒体信息，使授课形式新颖、活泼和形象。例如，教练员在讲授道路交通安全相关法律法规时，可以在教学课件中插入真实道路交通事故图片或插入预先录制的视频等。

小知识

网络远程教学的特点

网络远程教学是利用计算机技术和互联网技术对学员实行远程教育的教学模式。与现场多媒体教学模式相比，网络远程教学具有以下优点：

（1）除继承了图文并茂、形象直观、表现力丰富等特点外，还可以使学员在不同的计算机终端上随时随地学习，不受空间、时间等因素约束；

（2）可以使学员在按要求完成学习任务的情况下，结合自己的兴趣和疑问点自由在线选择学习内容；

（3）可以为学员提供更丰富的安全驾驶知识信息，提供模拟测试、在线交流等学习功能；

（4）可以自动对学员身份进行判定，记录学员的学时、学习内容等信息，实施远程自动监管。

二 教学磁板教学

教学磁板是一种集道路交通背景、交通参与者、交通标志标线、交通信号灯和交通警察等各种交通元素于一体，可根据教练员教学的需要，灵活组建各种具体交通场景的软件。教学磁板可以通过各种交通元素的灵活组合，搭建出教学需要的交通场景，从而使驾驶培训教学更加直观、灵活和互动。

1 教学磁板的特点

教学磁板教学属模拟教学的范畴，通过情景融合、交通元素的灵活组合以及教练员与学员之间的互动，来帮助学员建立印象模式，主要有以下几方面的特点。

1 交通元素全面、场景组建灵活

道路交通场景由人、车、路和环境四要

素组成，而教学磁板内设置了各种典型的交通参与者、符合国家标准的全部道路交通标志标线以及各种道路交通背景，因此，教练员可以利用磁板软件所包含的交通元素灵活地组建交通场景。

② 教练员与学员间的互动性强

教学过程中，教练员配置好交通场景后，可以针对该场景设置各种问题，与学员共同探讨正确的驾驶行为方式，并通过交通元素位置的灵活变化，模拟出各种交通行为的后果，增强学员对知识的理解能力和应用能力，提高学员学习的主动性，克服"灌输式"教学导致的枯燥感。

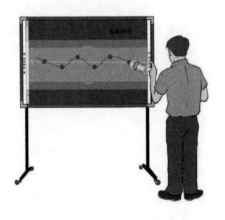

③ 教学内容直观、生动

交通场景，尤其是复杂的城市交通场景，教练员很难单纯地用语言解释清楚。因此，教练员可以借助画面演示等直观、真实的方式，帮助学员加深理解。例如，教练员进行"弯道和曲线驾驶"教学时，可以借助教学磁板给学员分析车辆在弯道的受力情况、弯道行驶时的潜在危险和提前减速行驶的必要性等。

④ 教学素材多样

教学磁板除了能利用已有的交通元素灵活地组建各种交通场景外，还有助于教练员对教学素材的拓展。教学磁板能够保存教练员自行收集的教学背景图片，以增强教学磁板的地区适应性和教学的灵活性。

⑤ 操作简便

教学磁板的界面整洁，教练员操作时，更多的是采用点击或拖拽图标的方式，针对相对难以理解的功能有详尽的操作指导，因此，用教学磁板来组织教学的关键在于教练员对驾驶培训专业知识的掌握程度和教练员组织的教学场景与教学内容的专业性是否贴近实际，而在计算机技术方面没有特殊要求。

2 教学磁板的使用方法

① 组建交通场景

组建交通场景是教练员利用教学磁板实施教学的基础。根据《教学与考试大纲》的要求，教学磁板中设置了许多典型的交通场景，教练员可以通过调用交通场景元素来直接组建。但是，教练员有必要掌握如何自行组建交通场景，以增加教学的灵活性。组建交通场景通常分为以下几个步骤。

（1）根据教学主题选择交通背景。教练员每次上课均有一个教学主题和教学目标，教学内容应当围绕该主题和目标进行，因此教练员选择交通背景时，要考虑是否能够满足教学主题和教学目标的需要。例如，在准备进行"文明礼让"授课时，教练员可以选择十字交叉路口或环形交叉路口的交通背景。

（2）正确添加交通信号灯和交通标志标线。交通信号灯和交通标志标线是道路交通规则的重要载体，给交通参与者科学地分配通行权，使他们有秩序地顺利通行。但是，不是所有区域都必须有交通信号灯和交通标志标线。因此，教练员有必要根据教学的需要，为所选择的交通背景正确地布置交通信号灯和交通标志标线。

（3）添加合适的交通参与者。交通参与者是道路交通的主体，包括行人、非机动车和机动车。教学磁板包括了各种典型的交通参与者。教练员添加交通参与者时，应当根据教学的需要来考虑选用交通参与者的类型、数量、位置和他们的交通行为等。

（4）标识交通参与者的交通行为。交通事故的发生往往源于交通冲突的存在，因此，教练员需要培训学员具有正确判断和处理交通冲突的能力。交通冲突通常是由于交通参与者之间交通行为的交错引起的，在对交通场景进行分析时，教练员可以利用教学磁板的绘画和书写功能，标识出有关交通参与者的交通行为。

② 更换交通场景

交通场景组建好后，教练员就可以开始对交通场景进行分析。但是在教学过程中，常常因模拟交通参与者的交通行为的结果或者根据学员的设问变换新的交通场景等，需要对交通场景进行调整。

（1）交通场景的局部调整方法。教学过程中，教练员往往需要添加新的交通参与者或者去除某些交通标志等。对于添加新的交通元素，教练员可以按照组建交通场景的方法进行。而对于去除某些交通元素，教练员则可以利用教学磁板提供的"垃圾箱"功能。

（2）交通场景的整体变更。教练员常常为某一教学主题准备了多个交通场景，解释完一个交通场景后，需要及时地变换到下一个交通场景去，这就存在对交通场景更新的问题。对此，教练员可以利用教学磁板提供的"文件下载"功能。

③ 扩展教学素材

教学素材的可扩展性为教学磁板教学增添了"新的生机"，使得教学磁板的应用不受地域的限制，应用更加广泛。当然，要实现这项功能，需要驾驶培训机构或教练员备有数码照相机或摄像机。

④ 与其他设备的组合

现代化教学手段更多地强调多种设备之间的组合运用，以达到更好的效果，对于教学磁板来说也是一样。教学磁板在计算机中运行，并通过投影仪投放到互动白板上，教练员可以用手的操作替代鼠标的操作，使教学变得更加简单而有趣。

3 教学磁板教学在驾驶培训中的应用

教学磁板起到"教学平台"作用，可以方便教练员再现学员培训场景，便于教练员讲评和学员理解，主要用于讲解交通场景的教学项目。在教学中，教练员需要注意以下几方面的问题。

① 精心准备教学场景

组建教学场景应当为教学内容和教学目标服务，恰当的教学场景可以帮助教练员取得非常好的教学效果，因此在上课前，教练员应当围绕教学主题设计好场景，以期在较短的时间内完成教学任务，达到教学目标。

② 提前设计教学场景的变换程序

为了详细地说明某个问题，教练员需要围绕教学主题设计各种问题，从而涉及教学场景的变更。教练员需要根据各种问题，合理地安排教学场景中各元素的变换方法和变换顺序，从而更好地控制教学的过程。

③ 让学员积极参与，增强教学的互动

让学员主动参与教学，而不是被动地接受，可以产生良好的教学效果。因此，教练员应当充分利用教学磁板，增强教练员与学员之间的互动性。

三 驾驶模拟器教学

驾驶模拟器教学能够弥补客观条件的不足，增强教学的安全性，节约能源和提高培训的效率。因此，教练员有必要掌握驾驶模拟器教学的方法。

1 驾驶模拟器的基本常识

汽车驾驶培训模拟器（以下简称"汽车模拟器"）是一种具有汽车驾驶操作功能的教学、培训仿真设备。一般由驾驶座舱系统和视景系统组成，有的还具有动感模拟装置。驾驶座舱系统有与模拟车型驾驶室驾驶操作工位相似的空间，并按所模拟车型驾驶室相似位置布置的实车件或仿真件的总成，实车件或仿真件包括但不限于驾驶操纵机件、座椅、头枕、安全带等。视景系统是模拟驾驶时的视景变化图像、声音的系统，通常由视景软件、播放器、单视景显示屏（幕）或多视景显示屏（幕）或虚拟现实头戴式显示设备等部件组成，视景为实景拍摄场景或虚拟场景。

汽车模拟器按不同的分类标准，可以分成不同的类型，具体分类见表3-1。

主动性

动感性

被动性

2 驾驶模拟器教学特点

驾驶模拟器教学通过模拟各种道路场景，在视觉、听觉和操作感觉上为学员提供一种实际操作训练的仿真环境，能够训练和提高学员基本的驾驶操作技能和心理承受能力，具有以下几方面的特点。

汽车模拟器的分类　　　　　　　　　　表3-1

分类标准	分 类
模拟车辆的车型类别	客车(A类)、货车(B类)和小型汽车(C类)
驾驶视景呈现方式及动感模拟功能	非互动型(Ⅰ型):驾驶视景不随模拟驾驶操作而变化; 互动型(Ⅱ型):驾驶视景跟随模拟驾驶操作而变化; 动感型(Ⅲ型):驾驶视景和动感模拟相匹配且均跟随模拟驾驶操作而变化
模拟车辆的变速器类型	手动挡(M型)、自动挡(A型)和手动自动互换(M/A型)

1 克服了实际操作训练的局限性

由于地域、培训时间、培训场地等客观原因，对于"雨天驾驶""山区道路驾驶"等特殊交通环境下的教学项目，教练员很难在实际训练中进行组织，因而，可以采用驾驶模拟器来对学员进行模拟训练，克服实际训练存在的局限性，达到教学目标。

2 节约能源，降低培训的成本

学员在进行规范操作训练时，如果采用实车反复练习，对车辆的磨损大，而且消耗燃料，驾驶模拟器训练则可克服这些问题。

3 提高培训的效率

培训初期，利用实车进行静态下的规范操作训练，学员会有紧张感，错误操作多，心理适应能力差，从而降低训练的效率。采用驾驶模拟器训练，学员心情比较放松，学会操作动作快，因此采取驾驶模拟器训练与实车操作训练相结合的培训模式，能提高学员培训的效率。

4 提高教学的安全性

驾驶培训过程中，因学员的驾驶操作技能不熟练，缺乏安全驾驶经验，驾车教学中存在很大的风险。在实际道路上进行驾驶训练时，路况较复杂，学员常常比较紧张易发生操作失误，可能会导致严重的后果，甚至造成重大交通事故。驾驶模拟器允许学员操作失误，一旦出现事故，可以重新开始驾驶操作。

3 驾驶模拟器教学在驾驶培训中的应用

根据《教学与考试大纲》的规定，第一部分"基础和场地驾驶"中"操纵装置的规范操作""起步前车辆检查与调整"教学内容，以及第三部分"道路驾驶"中"夜间驾驶""恶劣条件下的驾驶""山区道路驾驶""高速公路驾驶"等内容，可采用驾驶模拟设备教学。模拟教学学时不得超过6学时。

教练员在利用驾驶模拟器教学时，需要注意以下几方面的问题。

1 分阶段运用模拟器训练

驾驶培训是一个从掌握基本操作动作到驾驶技能的熟练和巩固的过程，教练员需要根据《教学与考试大纲》的要求分阶段、有针对性地运用驾驶模拟器进行教学。

2 引导学员端正训练态度

驾驶模拟器教学是一种模拟性训练，学员在训练过程中出现操作失误也不会发生危险，因而学员在思想上会比较放松，甚至有的学员完全把训练当成游戏，而忽视训练的目的。因此，教练员需要引导学员在训练过程中端正训练态度，认真对待。尤其是对于互动型和动感型驾驶模

拟器，学员要能够根据反馈的结果，及时调整自己的驾驶行为。

3 及时纠正学员的错误

学员能够及时了解和纠正出现的操作错误，驾驶技能训练的进步会很快。非互动型驾驶模拟器不能为学员提供操作的错误提示，因此教练员需要了解学员的训练情况，并对学员所犯错误及时纠正。互动型驾驶模拟器虽然能够提供错误操作提示和操作记录，但是学员并不一定能马上认识和纠正，还需要教练员及时指导。

4 讲评训练结果

每次训练结束后，教练员应当向学员讲评训练情况，让学员了解训练的难点和容易出现的错误等，激发学员改正错误的内在动力。非互动型驾驶模拟器不能提供错误操作记录，教练员需要在教学过程中对学员容易出现的错误驾驶行为进行统计，并将其作为讲评的依据。

四 实车教学

实车教学是培养学员全面掌握汽车驾驶技能的根本途径。

1 实车教学的特点

学员参加驾驶培训的目的是学习安全驾驶车辆的技能,通过相关的考试,并能够独立驾驶车辆。实车教学是学员利用真实的驾驶体验,学习和掌握汽车驾驶技能,也是驾驶培训过程中必不可少的一个环节。实车教学通常有以下几方面的特点。

(1)训练真实。实车教学是学员学习驾驶的一种真实的体验。学员在实车教学过程中,直接面对真实的交通场景,学员的驾驶行为与周边的交通状况紧密联系,相互影响。

(2)学员的操作结果反馈及时。学员根据周边的交通情况采取某种操作后,车辆的状态能够迅速地发生相应的变化,从而对学员刚才所采取的操作动作起到反馈的作用,其操作结果可作为学员采取下一步操作的信号。

(3)充分反映学员对汽车的操控能力。实车教学过程中,为了行车的安全,学员必须对各种交通情况及时采取正确的措施,此时的驾驶行为能够充分反映学员对汽车的操控能力。

(4)教学过程存在一定的风险。实车教学使学员面对真实的交通场景。因学员的驾驶操作技能还不熟练,缺乏安全驾驶经验,常常比较紧张,容易发生操作失误而导致交通事故,因此教学过程存在一定的风险。

2 实车教学在驾驶培训中的应用

实车训练可以应用于整个培训的实际操作训练项目,在实车教学过程中,教练员需要注意以下几方面的问题。

(1)教练车必须具备良好的安全性能,满足教学的要求。根据《机动车驾驶员培训机构资格条件》(GB/T 30340—2013)标准的要求,教练车技术状况应符合《机动车运行安全技术条件》(GB 7258—2017)、《机动车安全技术检验项目和方法》(GB 38900—2020)的要求,达到《道路运输车辆技术等级划分和评定要求》(JT/T 198—2016)规定的二级以上技术条件,并装有副后视镜、副制动踏板、车载计时计程终端、灭火器及其他安全防护装置。

(2)及时纠正学员的错误。训练过程中,学员出现错误操作时,教练员应当及时给予纠正,保证学员动作的准确性,让学员养成良好的驾驶习惯。

(3)确保教学的安全。实车教学过程存在一定的风险,因此教练员不仅要督促学员仔细观察、集中注意力,而且还应当要求自己抱着认真的教学态度,充分利用副后视镜、副制动踏板,在紧急情况下采取必要的措施,防止交通事故的发生。

(4)训练结束后及时讲评。每次训练结束后,教练员应当对学员训练的情况进行讲评,指出学员所取得的进步和仍然存在的问题,帮助学员正确评估自己。

五 教学模具教学

教学模具包括按照比例模仿实物结构的模型以及按照比例模拟实物工作原理的示教板。模型侧重于真实反映实物的基本结构，而示教板侧重于真实反映系统的工作原理。

1 教学模具教学的特点

（1）教学直观形象。汽车许多零部件的结构比较复杂，教练员难以通过简单的语言描述或利用车辆零部件实物阐述清楚，例如，变速器的组成、制动系统的工作原理等。教学模型能够以剖面和透明的方式展现出实物的基本结构，使复杂的事物变得直观形象，使单一的教学模式变得多样化，便于学员理解和掌握。

（2）教学内容比较真实。教学模型是对实物或系统的真实反映，尽可能模仿实物或系统的原貌，因而在学员学习时，能增加真实感。

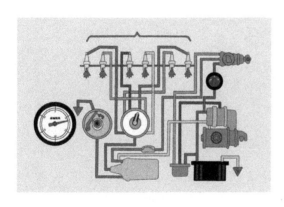

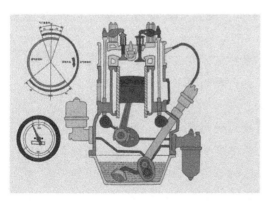

2 教学模具教学在驾驶培训中的应用

教学模具主要用于直观地展示车辆总成的基本结构和工作原理，例如《教学与考试大纲》第一部分的"车辆结构常识"等教学项目。教练员在教学过程中需要注意以下几方面的问题。

（1）让学员带着问题观看教学模具。教学模具所模仿实物的结构相对比较复杂，因此，教练员需要根据教学内容和教学目标，向学员提出明确的观察要求，让学员带着问题观察，增强学习的针对性。

（2）进行适当的解说。结构的复杂性增加了学员理解的难度。教学过程中，学员很难通过自己的观察为存在的问题找到满意的答案。因此，教练员需要有针对性地进行讲解，以在短时间内完成教学任务，达到预期的教学目标。

（3）注意正确的解说顺序。教练员针对模型的解说应当有合适的先后顺序，或者根据结构由表及里；或者按照工作流程，按组成部位进行讲解。总之，解说过程中需要突出一条主线，便于学员理解和接受。

六 典型案例分析教学

典型案例分析是安全文明驾驶理论学习的重要内容和具体运用的教学手段，是以教学事故现场所提供的基本情况为依据，按照道路交通相关法律法规的规定，对事故发生的经过作出全面分析。其目的是强化学员安全文明驾驶意识，使学员正确认识事故的发生过程，判断事故发生原因，吸取事故教训，划清责任，及时采取有效措施，保证驾驶教学安全。

1 典型案例分析教学的特点

（1）具有强烈的吸引力、感染力和影响力。事故案例是生动具体、实实在在的活教材，具有形象性、直观性的特点。事故案例内容切合驾驶教学实际，针对性强，容易引起教练员和学员的共鸣。

（2）可以采用灵活多变的形式。进行案例教学可以采用录像、多媒体、分析会、现场会等形式，既可以形象教学，又可以图文宣传教育，从各个侧面增强教学效果。

（3）内容充实，容易找出事故根源。每一次事故的发生，偶然中隐含着必然，往往有深刻的思想根源和管理漏洞。通过案例分析，容易抓住事故的本质，从学员上车之日起就进行安全意识的灌输，将对其一生的驾驶行为产生深远的影响，从而提高学员在处理交通情况时的安全运行的能力，实现本质安全。

2 典型案例分析教学在驾驶培训中的应用

案例分析教学主要用现实的事故来警示学员从上车之日起就要树立遵章守法、珍爱生命的安全文明意识，并按照《教学与考试大纲》要求，讲授安全文明驾驶理论知识。例如《教学与考试大纲》第一部分的"道路通行规则"；第二部分的"场地驾驶"；第三部分的"道路驾驶"；第四部分的"恶劣气象和复杂道路条件下的安全驾驶知识""紧急情况临危处置""发生交通事故后的处置"。

运用典型案例分析教学时，应注意以下几个方面。

典型案例分析教学不同于案情介绍，仅仅把事故的基本情况介绍给学员是远远不够的，主要是根据事故案例找到事故发生的原因，从中吸取教训与启示，在案例运用中应注意以下事项。

（1）典型案例分析要有针对性，要难易适中，教练员要了解学员的个性特点、知识背景等因素，有针对性地选择案例。

（2）典型案例分析要有时宜性，要根据教学进度，合理安排案例分析的时机，切不可随意进行、主观臆断、夸大案情，避免让学员产生恐惧感。

（3）典型案例分析要有侧重性，案例分析教学不能取代理论知识讲授，案例分析教学目的是让学员更好地理解和掌握安全文明驾驶知识，如果没有理论知识的讲解，学员对案例分析则过于片面和零散。侧重安全文明驾驶知识讲解是案例教学的基础和前提。

案例一　教练员脱岗，教练车冲出墙外

××省××驾校教练员来某进行场地驾驶训练时脱岗，让学员张某一人在训练场地进行倒桩训练。由于操作不当，张某将加速踏板误当制动踏板踩下，车辆加速后撞破场地隔离墩，径直撞上外墙，导致墙外过路的一名13岁学生身亡。

事故原因分析：教练员责任心不强，擅自离开教学岗位，既没有对学员场地驾驶进行指导练习，又没有预见学员可能出现的驾驶错误，从而造成事故的发生。

事故责任认定：该教练车的教练员负事故的全部责任。

教训与启示：教学过程中任何一个疏忽都有发生事故的危险，教练员一定要有教学风险意识，加强责任心，坚守自己的工作岗位，人车不离，确保教学安全。

> **案例二　教练员酒后指导学员酒后训练，被后方车追尾**
>
> 　　2013年1月21日，××省××驾校教练员唐某带领3名刚刚考完"科目二"的学员返回驾校，为了庆贺唯一通过的学员王某，4人到饭店吃饭并饮酒，饭后另外2名学员回单位，教练员唐某和学员王某继续上路训练，当教练车行至某路口时，学员王某怀疑走错路而紧急制动，造成教练车被后面的车追尾。
>
> 　　事故原因分析：教练员法律观念淡薄，明知酒后不准教学，还和学员共同饮酒，明知学员王某已经饮酒，仍然主观放任其驾车，未尽到职责和义务，从而造成教学事故。
>
> 　　事故责任认定：该车教练员因主观放任学员酒驾负连带责任被刑拘。
>
> 　　教训与启示：在驾驶教学中，教练员要知法守法，不仅自己要模范地遵章守法、率先垂范，给学员作出榜样，还要培养学员自觉遵章守法、文明驾驶的安全意识，并将其贯穿于教学的全过程，防微杜渐，警钟长鸣，确保人民生命财产安全。

七 计时培训系统

　　计时培训系统是利用信息技术对驾驶培训全过程的学习实时进行记录和管理的系统，包括驾驶培训监管服务平台、驾驶培训机构计时培训应用平台、计时终端等。该系统的应用能够及时、准确地掌握教学过程和学员培训信息，规范驾驶员培训教学过程，保障培训质量。2016年5月，交通运输部修订并发布了《机动车驾驶员计时培训系统　平台技术规范》《机动车驾驶员计时培训系统　计时终端技术规范》两项规范性文件（交通运输部公告2016年第17号），对计时培训系统的技术性能做了进一步的规范。2019年，交通运输部根据行业推广应用计时培训系统情况，组织编制了交通运输行业标准《机动车驾驶员计时培训系统技术规范》(JT/T 1302)，以发挥技术标准对计时培训系统的技术引领作用以及在计时培训系统推广应用中的规范作用。

1 计时培训系统的功能要求

① 驾驶培训机构计时培训应用平台

　　指部署在机动车驾驶培训机构，对学员计时培训全过程进行管理和服务，并为相关管理部门提供信息的平台，简称计时平台。计时平台应具有基础数据导入导出功能、驾驶培训机构管理功能、学员培训过程管理功能、服务监督与评价功能，以及信息统计、培训教学大纲管理、计时终端管理、系统设置等功能。主要功能类别和功能设计见表3-2。

驾驶培训机构计时培训应用平台主要功能类别和功能设计　　表3-2

类别		功能设计
基础数据导入导出		应至少支持以Excel格式导入和导出计时平台向全国驾培平台申请培训机构、教练员、考核员、安全员、教练车、计时终端和学员的统一编号时提供的资料信息和统一编号
驾驶培训机构管理功能	信息查询	应能对培训机构的名称、备案号、备案时间、地址、联系人、联系电话、经营范围等基础资料信息进行查询
	教练员管理	（1）教练员信息备案：应能采集教练员的基础资料信息，并上传至监管服务平台备案。 （2）教练员信息查询：应能对教练员基本信息进行查询，可查询其从业经历、历史教学记录等信息。 （3）教练员继续教育备案查询：可查询教练员继续教育完成情况、备案信息

续上表

类别		功能设计
驾驶培训机构管理功能	教练车管理	（1）教练车信息备案：应能采集教练车的基础资料信息，并上传至监管服务平台备案。 （2）教练车信息管理：应能对教练车的基础资料信息进行查询、添加和修改。 （3）车辆技术等级评定记录查询：可对教练车的车辆技术等级评定记录进行查询。 （4）车辆检测及二级维护记录查询：可对教练车的车辆检测及二级维护记录进行查询
	教学区域管理	应能在电子地图上对驾培机构的教学区域进行电子围栏设定及管理，并上传至监管服务平台审核。教学区域信息应包括名称、地址、面积、培训车型、空间位置坐标等，可包括可容纳车辆数、已投放车辆数等
	驾培机构考核员管理	应能对考核员的基础资料信息进行备案和查询，应包括考核员姓名、证件号码、所属培训机构、任职资格、从业经历等信息
	驾培机构安全员管理	应能对安全员的基础资料信息进行备案和查询，应包括安全员姓名、证件号码、所属培训机构等信息
	培训时段信息管理	应具备教练员排班信息的管理功能
	服务项目及收费标准信息管理	应能对驾培机构的收费信息进行查询、添加和修改，并上传至监管服务平台备案。收费标准应能区分定时培训、预约培训等不同培训模式，一次性收费、计时收费等不同收费模式，先学后付、先付后学等不同付费模式以及不同培训车型
	其他设施、设备管理	可根据GB/T 30340—2013的规定，管理驾培机构其他设施、设备信息
	预约信息管理	可具备学员预约培训信息的管理功能，预约信息可从其他系统中获取
	支付信息管理	可具备学员支付信息的管理功能，支付信息可从其他系统中获取
	驾培机构分支机构管理	可具备对驾培机构的分支机构信息进行管理的功能
	驾培机构营业网点管理	可具备对驾培机构的营业网点信息进行管理的功能
学员培训过程管理	学员信息管理	（1）基本信息管理：应能对学员的基本信息进行管理，并上传至监管服务平台备案。 （2）电子教学日志管理：应能对学员的每次培训过程记录形成的电子教学日志进行管理，并上传至监管服务平台备案。同时能接收监管服务平台转发的学员远程教育电子教学日志，并进行统一管理
	跨驾培机构管理	应能对跨驾培机构学员信息进行管理，并上传至监管服务平台备案
	学时审核管理	应能按电子教学日志手动和自动对学员的培训学时记录进行初审，审核规则应包含培训大纲要求的最小时间和里程、教学区域比对、图片比对、轨迹比对以及学时限定规则等。初审结果应在学员的每个培训部分结束后形成阶段培训记录并汇总生成电子培训部分记录表，加盖培训机构电子签章后统一上传至监管服务平台审核。同时能够接收监管服务平台对阶段培训记录的审核结果
	结业考核管理	应能对学员的结业考核结果进行管理，并加盖电子签章后上传至监管服务平台备案

续上表

类　　别		功能设计
学员培训过程管理	培训全流程查询	（1）查询条件设置：应能按学员姓名、学员编号、证件号码等查询条件，查询学员培训全流程信息。 （2）报名信息查询：应能查询学员的报名信息。 （3）培训项目查询：应能查询学员各培训项目信息。 （4）有效培训过程信息查询：应能查询学员有效培训过程信息
服务监督与评价管理	教练员管理	（1）投诉管理：应能向监管服务平台获取教练员被投诉信息。 （2）评价管理：应能向监管服务平台获取学员对教练员的评价信息
	驾培机构管理	（1）投诉管理：应能向监管服务平台获取驾培机构被投诉信息。 （2）评价管理：应能向监管服务平台获取学员对驾培机构评价信息
信息统计	学员信息统计	可实时统计学员报名数据、学时数据、考核数据和考试数据
	教练员信息统计	可实时统计教练员的招生数据、教学学时数据、带学考核数据和带学考试数据
培训教学大纲管理	培训状态设定	应能对总学时和不同部分、不同项目的学时要求分别设定，实现培训学时分部分进行计时，可实现按项目计时
	培训内容设定	应能对不同章节、不同课程的培训内容、培训学时分别设定，实现分章节、分课程培训
计时终端管理	计时终端信息管理	应能对教练车、模拟器和课堂教学的计时终端相关信息进行管理，并上传至监管服务平台备案
	终端登录	应具备支持基于平台整体安全体系下的计时终端注册、注销、鉴权功能
	学员及教练员登录	应具备支持学员及教练员登录和退出登录功能
	计时终端信息接收	端学时信息和定位数据接收功能
	预约信息更新	可具备支持更新计时终端所属车辆当日预约订单数据功能
	图片和视频功能	应具备自动接收和下发相应指令后接收计时终端上传的图片并与计时数据同步展现的功能，可具备自动接收和下发相应指令后接收计时终端上传的视频信息并与计时数据同步展现的功能
系统设置	统一编号管理	应能向全国驾培平台申请培训机构、教练员、考核员、安全员、教练车、学员、计时终端的统一编号
	用户管理	应具备用户和角色的添加、修改、删除功能。 应至少包含管理员和普通用户两种角色类型
	权限管理	应能对用户和角色分别分配权限，权限应包括系统功能菜单使用权限，数据访问权限。用户和角色的权限可以被赋予，也可以被收回
	日志管理	应能基于不同用户实现其操作记录管理的功能，日志内容包括用户、时间、操作等信息
	证书管理	应支持向全国驾培平台申请计时平台及计时终端的证书，用于数据传输过程中的安全及防篡改
	电子签章管理	应支持电子培训部分记录表、结业证书的统一电子签章功能

2 计时终端

指用于采集、存储和传输培训类别、教学部分、培训时长等学员培训信息以及教练员教学信息等的终端设备,按培训类别不同,分为车载计程计时终端、课堂教学计时终端和模拟训练计时终端。

计时终端的培训信息采集和存储功能应满足如下要求。

(1)计时终端应能采集和存储驾驶培训机构编号、教练员编号、学员编号、终端设备编号、教学部分、培训类别、教学项目、签到时间、签退时间、签到时长和培训时长等培训信息,培训信息内容和格式应符合《机动车驾驶员计时培训系统 平台技术规范》中附录A的要求。

(2)计时终端具有图像或视频信息采集和存储功能的,应符合以下要求:

①教练员和学员签到或签退时,计时终端触发摄像头采集、存储教练员和学员的图像或者视频信息;

②在培训过程中,按照间隔时间或者计时平台下发的指令采集、存储教练员和学员的图像或者视频信息;

③在培训过程中,随机进行至少1次采集、存储教练员和学员的图像或者视频信息;

④采集和存储图像或视频信息时,同时记录和在图像数据内嵌入驾驶培训机构编号、教练员编号、学员编号、采集时间等信息;

⑤采集的图像或视频应清晰可辨。

(3)计时终端断电时,应自动进入断电保护状态,能存储断电前采集的培训信息。

2 计时培训系统的应用

计时培训系统主要用于监督和管理学员参加驾驶培训的情况,下面以车载计时计程终端的使用为例,说明在每次培训过程中的操作步骤:

(1)插入教练员IC卡,进行身份验证,通过后,开启车载计时计程终端的键盘,准备本次课程训练;

(2)插入学员IC卡,进行身份验证,通过后,学员根据自己的训练情况,按照《教学与考试大纲》的训练要求,选择具体的教学项目和学时,开始本次课程训练;

(3)训练过程中,车载计时计程终端自动记录学员训练的时间、里程、行驶速度、车辆位置、培训过程图片等信息;

(4)训练结束后,学员输入对教练员的满意度信息,并插入学员IC卡,结束本次训练。

第三节 教案的编写

教案是教练员为实现《教学与考试大纲》设定的教学目标而具体细化并精心设计的授课框架,是以学时或教学项目为单位编写的教学具体行动计划或方案,是组织教学的重要依据。俗话说:"凡事预则立,不预则废",教练员在授课前认真编写教案,授课时才可能胸有成竹,有计划、有步骤地上好驾驶培训课。此外,通过编写教案和讲评,教练员还能及时发现并解决教学中存在的问题,不断提高教学水平。

一 教案的编写要素和基本要求

教案是教练员针对具体课程编制的实施方案,解决教什么、如何教的问题。它不是对教材简单地重复或缩写,而是包含教案特定的要素,按照教案系统的编写程序完成的教学蓝本，是教练员对教材的再加工和再创造。

1 教案的编写要素

教案的编写形式灵活多样，教练员可以根据授课内容及自身的教学风格决定。但是，一份完整的教案应当包含表3-3所示的基本要素。

教案的编写要素及其内涵　　　　　　表3-3

基本要素	内　涵
教学项目	教学大纲确定的某类知识点的教学名称，分为理论教学项目和实际操作教学项目两种
教学目标	按照教学大纲的要求，学员通过某次课程的学习，需要达到的预期效果(例如，学员认知、情感、行为等的变化)
教学内容	教练员通过对教学大纲、教材等资料的研究分析，所确定的教学知识信息的总和及其重点、难点
教学学时	按照教学大纲的要求，某次授课所需的教学时间。驾驶员培训以1小时为1个学时计量单位
教学方法	在教学过程中，教练员为达到教学目标，完成教学任务而采取的教与学相互作用的活动方式的总称，如讲授教学法、示范教学法和模拟教学法等
教学手段	在教学过程中，教练员为达到教学目标，完成教学任务而使用的各种教学用具的统称，如多媒体软件、教学磁板、教练车、驾驶模拟器等
教学场所	根据教学内容确定的适宜的教学地点。如理论课通常在教室进行，而实际操作训练通常在场地内或实际道路上进行
教学过程	是整个教案的主体部分，也是教案编写最重要的步骤，把教学活动划分为若干环节或步骤，用以明确教学活动的逻辑程序
教学分析与评价	教练员对教学实际效果的总结与分析，包括对教学重点和难点的把握、教学方法和手段应用的效果、教学过程设计的合理性、学员学习积极性的调动、学员对内容的掌握程度以及改善措施等教学情况的总结与分析

2 教案编写的基本要求

教练员应根据教学内容、授课方式及学员的基本情况，结合实际教学条件、个人的教学经验和教学风格，发挥自己的个性、特点和才华，提前编写出规范、工整、内容完整充实、条理清晰且具有自身特色的教案。教案的编写应符合以下的基本要求。

（1）以《教学与考试大纲》为依据。《教学与考试大纲》是教学的指导性文件，是组织教学和进行教学检查的基本依据。教练员首先应钻研《教学与考试大纲》，了解《教学与考试大纲》对各阶段教学项目、教学目标、教学内容和教学学时的要求，使编写的教案与《教学与考试大纲》、教学计划保持一致。如果《教学与考试大纲》、教学计划有变化，教案也必须按照新《教学与考试大纲》重新编写。

（2）分单元编写教案。教案编写一般以一次授课为单元，可灵活根据教学项目或者教学学时来划分。例如，以"夜间安全驾驶知识"为专题，编写一份完整的理论教案。

（3）教案的繁简应适当。教案是教练员对教学过程的设想和计划，承载的是教学的组织管理信息，不等同于授课讲稿，因此，不宜过分详细。教案设计得详细与否，因人而异。一般来说，刚从事教学工作的教练员应尽可能编写详细的教案。

（4）以服务教学、指导教学为根本准则。教案主要是能够提纲挈领地反映教学过程的设计思路，处理好应该教什么和学什么、如何教和如何学、教得怎样和学得怎样的关系，提示教练员上课需要强调的重点内容和注意事项，包括如何引导学员学习或练习，使教学真正服务于学员素质的全面提高。

（5）教学内容安排应科学、合理，遵循学员的学习规律。教案编写应符合知识迁移的科学性。教练员要弄清各部分知识的内在联系，充分利用知识迁移规律，对新知识引入、讲解、练习、巩固及学员能力开发等环节，都要作出科学合理的安排，以符合学员知识形成规律和能力发展的渐进性。如在进行加速、减速操作教学前，教练员首先要向学员介绍如何进行正确的挡位操作，再讲解手脚协调操作。

二、教案的编写步骤

教案的编写是教练员按照《教学与考试大纲》的要求，在充分准备的基础上，围绕教案的组成要素进行教学规划的过程。教案的编写包括备课、教学过程设计和课后总结与分析三个步骤。

1 备课

所谓备课，是教练员在授课前所做的全部准备工作。教学过程是一个存在多种矛盾的复杂过程，教练员需要预先考虑好教什么、怎么教、如何调动学员的积极性等。因此，教练员应从三个方面来备课。

① 分析教学对象

教学是一个教与学同时进行的双向活动，因此教学效果的好坏与教练员了解学员情况的程度有关。教练员对学员的情况了解得越透彻，授课就越有针对性，从而能提高教学效率和效果。

首先，教练员可以运用一些方法来分析学员的学习特点。例如，教练员可凭借学员的培训申请表了解学员的性别、年龄和职业背景等情况，并根据个人的教学经验判断学员可能的学习特点；对于已经培训过的学员，教练员可根据学员平时的言谈举止以及在训练中的表现，判断学员的文化修养、性格、气质、学习态度和学习能力等特点。

其次，教练员可以利用教学日志了解学员对相关知识和技能的学习与掌握情况以及目前仍存在的问题。教练员了解了学员目前的学习状况，才可能依据学员的认知规律，有针对性地提出改进措施，因材施教。

2 确定教学内容

教练员首先应根据教学计划，结合对学员情况的分析结果，确定教学项目和教学内容，并通过分析《教学与考试大纲》和阅读教材，使教学层次分明、教学重点突出、教学难点清晰。

（1）分析《教学与考试大纲》。教练员准确理解《教学与考试大纲》的内涵，是合理设计和撰写教案的基础。教练员只有深入钻研《教学与考试大纲》，才能了解教学目标和学时要求，理解哪些是重点和难点、哪些内容学员不容易理解、哪些内容学员容易混淆以及理解不同知识和技能之间的内在关联，并自觉转化为教学活动的指导思想。

（2）阅读教材。阅读教材包括对教材的通读、精读和多读。教练员理解教材越深越透，教学时越能得心应手。

①通读是指教练员粗略地阅读教材，对教材进行全面系统了解的过程。教练员通过这种阅读方式，能够领会教材的宏观结构以及所包含的知识点，从而对教材内容进行合理的取舍。

②精读是指教练员选择教材中与教学内容相关联的部分，进行仔细推敲、深入剖析和理解的过程。教练员通过这种阅读方式，可以准确把握各知识点的内涵及各知识点之间的逻辑关系。

③多读是指教练员尽可能多读一些与所授课程相关的参考书籍和资料。多读能够帮助教练员开阔思路，丰富知识面，提高教学能力，从而使教练员在讲课时能够深入浅出、轻松自如。

3 选择合适的教学方法和手段

教无定法，贵在得法。教练员结合驾驶教学的特点，在授课中合理运用教学方法和手段，尤其是多媒体教学和模拟教学等先进教学手段，能够丰富教学的形式，激发学员学习的兴趣，提高学员学习的积极性和主动性，增强教学互动，取得良好的教学效果。

教学方法和手段的选择取决于教学内容、学员的特点、教练员的教学风格及教学条件等因素。因此，教练员在选择教学方法与手段时，应考虑教学条件是否允许，是否与教学内容相适应，是否有助于学员理解内容，从而实现教学目标。

2 教学过程设计

设计教学过程是教练员在确定教学内容、对学员情况进行分析以及选择好教学方法和手段的基础上，针对某个教学项目，明确教案要素并进行课堂教学程序设计的过程。

1 理论课教学过程设计

理论课教学过程设计主要考虑以下四个方面。

（1）教学内容的安排。一般来说，每个授课内容涉及的知识点都非常广泛，而教学时间非常有限，因此，教练员需要根据教学目标，确定讲授的知识点，明确知识点的主次关系，并按照知识点之间的内在联系确定内容的先后顺序。

（2）教学时间的分配。教练员首先应按照理论教学模式的规范，对导入新课、讲解内容、总结练习和布置作业四个教学环节有一个总体上的时间分配；然后根据教学内容的轻、重、难、易，合理地规划教学进度。对教学内容的时间分配，原则上教练员不是围绕学员感兴趣的内容，而是应对重点和难点内容给予充足的时间保障。

（3）教学活动设计。教学活动设计是教练员结合所选择的教学方法和手段，围绕四个教学环节，设计相应的"教"与"学"的活动。教练员应在教案中体现出具体的教学指导方法。理论教学活动设计注意事项见表3-4。

理论教学活动设计注意事项 表3-4

教学活动	目标	注意事项
导入新课	激发学员对教学内容的兴趣	应尽量避免平铺直叙
讲解内容	让学员理解和掌握知识	（1）明确哪些内容必须深入讲解，哪些内容可以一带而过，并通过教学时间分配来体现； （2）在教案中列出授课的主线和教学内容的先后顺序； （3）在教案中，针对具体内容标注相应的教学手段和教学方法
总结练习	让学员巩固所学知识	（1）在教案中明确总结练习的形式，是对本次课内容的回顾，还是设问让学员回答； （2）采用回顾的形式，则应以内容逻辑关系为主线，体现教学重点和难点内容；采用设问的形式，应在教案中列出具体的问题
布置作业	让学员灵活运用所学知识	在教案中注明作业的内容

（4）板书设计。板书是需要在教室黑板上或者在多媒体课件中展现的内容。设计并书写出优美的板书，是教练员组织教学的基本功。板书设计应条理清晰，书写工整，突出重点难点，保留或擦除部分层次分明，能够形象地揭示所有授课知识点及其内在的联系。

2 实际操作教学过程设计

实际操作教学过程设计主要考虑以下三个方面。

（1）教学内容的安排。教练员应依照动作技能形成和完善的规律，结合学员的训练情况，确定先让学员巩固哪些所学的动作，再让学员重点学习哪些操作技能。

（2）教学时间的分配。教练员首先应按照操作技能训练模式的规范，总体分配讲解动作要领、示范动作、指导练习、训练讲评四个教学环节的时间；然后根据操作技能的复杂和难易程度，合理地规划教学进度，尤其对学员较难掌握的技能给予充足的练习时间。

（3）教学活动设计。教学活动设计是教练员结合所选择的教学方法和手段，围绕四个教学环节，设计相应的"教"与"学"的活动，是教案编写的核心。教练员应在教案中体现具体的教学指导方法，从而能够有效指导教练员规范、正确地组织教学。实际操作教学活动设计注意事项见表3-5。

实际操作教学活动设计注意事项　　　　表3-5

教学活动	目标	注意事项
讲解动作要领	让学员了解训练的安排，领会要领，并建立动作定向印象	（1）在讲解动作要领前，应先说明本次课的训练内容、应达到的目标和训练的安排； （2）讲解动作要领时，应说明动作的达标要求，并对复杂动作进行分步骤讲解，在教案中应列出具体的动作分解方法
示范动作		（1）应先进行动作要领讲解，再向学员示范动作；示范动作时，可以适当配合一些讲解； （2）示范动作时，可以将正确动作和错误动作进行对比示范，并在教案中列出对比示范的动作
指导练习	让学员模拟练习、熟练掌握动作	（1）在教案中写明学员的练习方式和教练员应如何提供相应的指导； （2）在教案中写明在学员练习时，教练员应重点注意的一些事项，包括应如何保证训练的安全、应向学员强调哪些训练要点等
训练讲评	让学员了解训练效果	在教案中写明将从哪些方面进行讲评，包括学员哪些操作掌握得好，哪些操作还需改进，下一次课将进行什么训练项目

3 课后总结与分析

教练员在课后应对本次课的教学情况进行总结和分析，包括判断学员的学习效果，分析教学环节设计和时间安排的合理性，教学重点和难点的把握情况，教学方法和手段的合理性等，并把分析结果列在教案当中，为后续修改教案和改进教学组织提供参考。教练员只有经常反思教学中存在的问题，才能保证及时改进教学，提高教学水平。

三 教案编写实例

按照教案编写的步骤、考虑教案编写要求、体现教案的基本要素，是教案编写的共性要求，更重要的是学会针对具体的教学项目，设计出体现教学思想、重点突出、层次脉络清晰和个性鲜明的教案。

1 编写理论课教案

理论课主要采取教练员与学员"一对多"的授课形式。在教学过程中，教练员相对而言是主动的，学员则是被动的。因此，为了提高学员学习的主动性，教练员应按照教案编写的基本步骤精心设计，在教学方法和手段的选择上，注重通过情景教学帮助学员掌握理论知识。

下面以第四部分中的"安全驾驶"为例，介绍理论课教案的具体编写方法。

❶ 备课

教练员应根据理论课教学的特点，在授课前做好充分的准备：

（1）分析教学对象。学员在此之前已经学习了道路交通安全法律、法规知识，熟练掌握各类道路条件下的通行规则，熟练掌握变更车道、跟车与限制超车、会车规定、避让行人和非机动车、掉头与倒车的规定，并在场地驾驶训练中进行了初步的应用。因此，教练员在授课时重点是进一步巩固学员安全驾驶知识，提升实际道路安全驾驶的能力。

（2）确定教学内容。教练员通过《教学与考试大纲》可以了解到"安全驾驶"的教学目标是：掌握车辆安全检查与调整方法，养成行车前对车辆进行安全检查与调整的驾驶习惯；掌握车内安全装置的正确使用方法，熟知乘车人的安全保护方法，养成规范使用安全带、安全头盔、安全头枕、儿童安全座椅等主要安全装置的习惯；掌握起步、汇入车流、跟车行驶、变更车道、会车、超车、让超车、停车和开门、掉头、倒车及通过弯道、路口、人行横道、学校区域、居民小区、医院、公交车站、停车场（库）、城乡接合部的安全驾驶方法，养成安全行车的驾驶习惯；掌握与大型车辆共行的相关知识。因此，教练员可以确定主要从安全操作要领、安全驾驶行为等方面来授课。此外，教练员通过阅读教材，结合个人的经验，确定让学员掌握安全驾驶行为是授课的重点和难点。

（3）选择教学方法和手段。除了讲授教学之外，教练员可以针对某个具体问题采取讨论的方式，增强教学互动，让学员主动参与到教学之中。为了使教学内容直观、易于理解，教练员可以借助多媒体教学手段，给学员演示典型驾驶场景。

❷ 设计教学过程

教练员可按照理论教学模式包括的教学活动，合理安排教学进度。在内容讲解环节，教练员可以根据教学内容的内在逻辑关系，先向学员简单介绍违法驾驶行为的危害，说明行车风险与安全驾驶的重要性，然后结合典型交通情景讲解车辆安全检查与调整、安全驾驶方法等。教练员在设计内容讲解的同时，还应注明具体的教学指导方法。

❸ 理论教学示范教案

理论教学示范教案见表3-6。

理论教学示范教案　　　　　　　　　表3-6

教学项目：安全驾驶　　　　　　　　教学阶段：第四部分

教学目标	掌握车辆安全检查与调查方法，养成行车前对车辆进行安全检查与调整的驾驶习惯；掌握车内安全装置的正确使用方法，熟知乘车人的安全保护方法，养成使用安全带、安全头枕、儿童安全座椅等主要安全装置的习惯；掌握起步、汇入车流、跟车行驶、变更车道、会车、超车、让超车、停车和开门、掉头、倒车及通过弯道、路口、人行横道、学校区域、居民小区、医院、公交车站、停车场（库）、城乡接合部的安全驾驶方法，养成安全行车的驾驶习惯；掌握与大型车辆共行的相关知识
教学内容	车辆安全检查与调整；安全驾驶行为；养成安全行车的驾驶习惯
重点难点	安全驾驶行为
教学方法	讲授、讨论、演示、播放视频
教学手段	电脑、投影仪、投影幕、多媒体教学软件、视频资料
教学场所	第＿＿＿教室

续上表

教学过程设计			
教学活动	内容	时间安排	教学指导
导入新课	播放安全操作或典型道路交通事故的视频	5min	结合多媒体软件、视频进行讲解
讲课内容（板书设计）	一、车辆安全检查与调整 （1）出车前的安全检查与调整； （2）上车前的安全确认； （3）下车前的安全确认	20min	（1）结合典型交通情景，配合多媒体进行演示、讲解； （2）应向学员强调出车前安全检查、上下车前观察交通情况的重要性，树立安全意识
	二、安全装置的使用与对乘车人的保护 （1）掌握车内安全装置的正确使用方法； （2）熟知乘车人的安全保护方法； （3）养成使用安全带、安全头枕、儿童安全座椅等主要安全装置的习惯	25min	（1）结合典型交通情景，配合多媒体进行演示、讲解； （2）结合几个典型的交通情景，组织学员讨论，再做总结发言； （3）结合考试题库进行讲解
	三、安全驾驶行为 1.起步、停车时的安全驾驶 （1）起步时的安全驾驶与礼让； （2）临时停车时的安全驾驶与礼让； （3）雨天临时停车时的安全驾驶与礼让； （4）雾天临时停车时的安全驾驶与礼让； （5）夜间临时停车时的安全驾驶与礼让； （6）雪天临时停车时的安全驾驶与礼让； （7）安全停放车辆的驾驶与礼让。 2.交会时的安全驾驶 （1）汇入车流时的安全行车与礼让； （2）会车时的安全行车与礼让； （3）超车时的安全行车与礼让； （4）让超车时的安全行车与礼让； （5）超越障碍物时的安全行车。 3.变更车道时的安全驾驶 （1）绕过障碍物时安全变更车道； （2）行车中安全变更车道； （3）在交叉路口安全变更车道。 4.倒车、掉头时的安全驾驶 （1）倒车时的安全驾驶与礼让； （2）掉头时的安全驾驶与礼让。 5.通过弯道时安全驾驶 （1）弯道的安全驾驶； （2）山区弯道的安全驾驶。 6.通过路口的安全驾驶 （1）通过交叉路口时的安全驾驶； （2）通过铁路道口时的安全驾驶； （3）通过环岛时的安全驾驶。 7.通过学校、居民小区、医院、公交车站、停车场（库）、城乡接合部的安全驾驶 （1）通过学校的安全行车与礼让； （2）通过居民小区的安全行车与礼让； （3）通过医院的安全行车与礼让； （4）通过公交车站的安全行车与礼让； （5）通过停车场（库）的安全行车与礼让； （6）通过城乡接合部的安全行车与礼让。 8.与大型车辆共行的相关知识 （1）大型车辆的结构与行驶特点； （2）与大型车辆共行时的安全行车与礼让	60min	（1）结合典型交通情景，配合多媒体进行演示、讲解； （2）应向学员强调违法驾驶行为的风险； （3）结合几个典型的交通情景，组织学员讨论，再做总结发言； （4）结合考试题库、道路驾驶考试评分标准进行讲解

续上表

教学过程设计			
教学活动	内容	时间安排	教学指导
课堂练习	从考试题库中选择两种题型中的部分试题进行练习	10min	教练员结合试题提问，学员作答
课后作业	要求学员熟记与教学内容相关的试题库中的试题		—

2 编写实际操作训练教案

按照计时制的要求，实际操作训练主要采取教练员与学员"一对一"的授课形式。在教学过程中，以学员自主练习和训练为主，教练员进行动作讲解、示范、指导或训练总结，注重对学员实际操作技能的培养。

下面以第二部分中的"倒车入库"为例，示范编写实际操作训练教案。

1 备课

教练员应根据实际操作训练的特点，在授课前做好充分的准备。

（1）分析教学对象。学员在此之前已经掌握了车辆基本操控能力，因此，教练员在授课时主要是根据学员的学习特性，合理安排训练，引导学员灵活运用所学技能完成教学任务。

（2）确定教学内容。教练员通过《教学与考试大纲》可以了解到"倒车入库"的教学目标是：掌握参照地面目标，合理操纵车辆从两侧倒入和驶出车库的正确操作方法。教练员可以明确主要让学员练习倒车路线调整、速度控制和安全停车的规范操作。此外，教练员结合个人的经验，确定训练中的重点和难点是选取合适的倒车参照物、正确调整倒车路线。

（3）选择教学方法和手段。教练员的示范讲解，是学员掌握技能的前提。除此之外，教练员还可加强学员的练习，并在学员练习过程中，采取多种方式，增强学员学习的主动性。

2 设计教学过程

首先，教练员要向学员明确倒车入库训练的内容、基本要求和对训练的安排；其次，教练员要采用边示范、边讲解的方法，向学员讲解示范操作要领、步骤方法和注意事项，并结合教学经验，讲解在操作中容易出现的错误以及如何避免这些错误；让学员练习倒车入库，教练员随车对训练进行监督指导；最后教练员要对学员的训练情况进行讲评，指出学员存在的问题和改进措施。

3 实际操作训练示范教案

实际操作训练示范教案见表3-7。

实际操作训练示范教案　　　　　　　　　　表3-7

教学项目：倒车入库　　　　　　　教学阶段：第二部分

教学目标	掌握参照地面目标，合理操纵车辆从两侧倒入和驶出车库的正确操作方法
教学内容	从右侧倒入车库；从左侧倒入车库
重点难点	倒车时参照物的确定；倒车时行驶路线的调整
教学方法	教练员讲解、示范、随车指导，学员练习，训练讲解
教学手段	实车操作（教学车辆必须与学员申请的准驾车型相符）
教学场所	教练场内第2号库位

续上表

教学活动	内容	时间安排	教学指导
讲解动作要领	1. 向学员说明本次训练的内容、训练目标和训练安排 2. 介绍倒车入库场地式样和尺寸 （图：车道宽、控制线、车位长、库宽） 3. 介绍训练操作要求 从道路一端控制线（两个前轮触地点在控制线以外），倒入车库停车，再前进出库向另一端控制线行驶，待两个前轮触地点均驶过控制线后，倒入车库停车，前进驶出车库，回到起始点。考试过程中，车身不应超出道路边缘线或库位边线，车辆进退途中不应停车。项目完成时间不得超过3.5min。	30min	在教练场，教练员可结合教材中的示意图进行讲解
动作示范与指导练习	一、动作整体示范 教练员进行一个完整的操作示范	30min	（1）教练员在示范动作时，学员应随车观察； （2）教练员边示范、边讲解，根据学员的理解程度，必要时重复讲解、示范，直至学员完全理解； （3）教练员先整体示范，再分步骤进行示范；车辆到达预定的参照点时，换学员在驾驶座或下车观察参照点与车辆位置之间的关系
	二、动作分解示范 （1）将车辆与左侧道路边缘线保持1.2～1.5m间距在起点停正； （2）调整好倒车的驾驶姿势，挂倒挡从起点直线倒车； （图）	160min	（1）学员在训练时，教练员随车指导，及时纠正学员的错误动作； （2）学员练习时，适当让其安全停车并下车查看、体会； （3）教练员对学员出现的错误做好记录

教学过程设计

教学活动	内容	时间安排	教学指导
动作示范与指导练习	（3）当车尾右后端与车库右侧边线对齐时，将转向盘向右打到底； （4）从右后视镜观察车尾与左侧边线的距离，当车左后角进入车库后，将转向盘向左回一圈； （5）从左后视镜或后视窗中看到车身即将摆正时，回正转向盘，保持车身直线倒车进入车库； （6）当车前端进入车库后，迅速停车； （7）从车库内起步，保持直线行驶，当车身中心出库后，迅速向左将转向盘打到底； （8）当车身与右侧道路边缘线平行，车头超过控制线后，摆正转向盘后停车；	160min	（1）学员在训练时，教练员随车指导，及时纠正学员的错误动作 （2）学员练习时，适当让其安全停车并下车查看、体会； （3）教练员对学员出现的错误做好记录

续上表

教学活动	内容	时间安排	教学指导
动作示范与指导练习	（9）挂倒挡起步后将车与右侧道路边线保持1.2~1.5m间距行驶； （10）当车尾左后端与车库左侧边线对齐时，将转向盘向左打到底； （11）从右后视镜观察车身与车库右侧边线的距离，当车后右角进入车库后，将转向盘向右回一圈； （12）从两侧后视镜或后视窗中看到车身即将摆正时，回正转向盘，保持车身直线倒车进入车库； （13）当车前端进入车库后，迅速停车； （14）从车库内起步，保持直线行驶，当车身中心出库后，迅速向右将转向盘打到底； （15）当车身与左侧道路边缘线平行，车头超过控制线后，摆正转向盘后停车。 三、训练要点 （1）学员逐步进行操作，并确认车身目标与位移规律； （2）训练的关键在于加强学员的目测能力，掌握操作要领。 四、学员易犯的错误 （1）车身与目标找不准确； （2）不能相对固定目标，每次位置都有变化； （3）停车时不回正转向盘或熄火	160min	（1）学员在训练时，教练员随车指导，及时纠正学员的错误动作； （2）学员练习时，适当让其安全停车并下车查看、体会； （3）教练员对学员出现的错误做好记录
训练讲评	（1）询问学员的训练体会，说明学员动作完成的基本情况，有哪些方面的进步； （2）说明学员在训练中存在哪些问题，下一步训练的侧重点； （3）说明下次课将进行哪个项目的训练	5min×4	教练员结合错误记录进行讲评，注意适当给予鼓励

第四章 规范化教学

规范化教学，是根据教学大纲的总体要求，设计科学、系统的教学计划，采用科学的教学方法和手段落实教学内容和学时，实现教学目标的规范化的教学。机动车驾驶培训的规范化教学，是教练员教学过程中使用的融技能、意识、安全于一体的教学模式，包括驾驶教学程序、教学步骤、教案编写、操作规范和规范教学手势与口令等，对于实现教学目标、提高教学效果具有非常重要的作用。教练员开展规范化教学，是对教练员的基本要求，也是严格落实教学大纲要求，确保驾驶培训质量的重要保障。

第一节 规范化教学基础

一 规范化教学的原则与要求

规范化教学的原则与要求主要体现在以下7个方面。

1 遵循教学的阶段性，有计划、有步骤地进行

教练员对训练没有任何计划，会导致学员出现"吃不饱"或者"消化不良"的问题，不利于学员掌握驾驶技能。

2 理论联系实际，理论培训与实操训练相结合

驾驶活动是一项比较复杂的活动，必须以掌握相关的理论知识为前提，尤其对于综合性的、复杂的驾驶操作，更要熟练掌握必要的专业理论知识。所以，教练员必须刻苦钻研业务，运用丰富的专业知识，在指导学员"怎么做"的同时，解释"为什么要这样做"。

3 规范讲解要领，准确示范动作

学员主要通过模仿练习来学习和掌握驾驶操作技能，如果没有教练员的指导而盲目尝试，则不会有好的学习效果。教练员在教学中，首先通过简练的讲解，使学员理解正确的练习方法，同时通过整体动作示范和分解动作示范，使学员获得关于练习方法和实际动作的清晰感知。学员有了模仿的样本，就可以通过自己的练习，达到事半功倍的效果。当然，教练员的讲解和示范必须规范、正确和严谨,否则会适得其反。

4 合理安排训练的次数和时间,训练的方式多样化

教练员根据教学内容的难易程度和学员对技能的掌握情况,科学合理地安排训练的次数和时间是保证学员掌握驾驶技能的基本前提。

在对某一项目的实际训练过程中,教练员通常采用两种训练方法:集中训练法和分散训练法。集中训练是让学员在一定时间内连续地练习完整套动作,中间不穿插其他的训练内容;分散训练则是让学员分成多次练习,每次之间有一定的时间间隔。一般来说,分散训练与集中训练有效结合,比过度的集中训练更能提高训练的效率和效果。

5 正确掌握训练的进度和质量要求

驾驶教学过程中,如果没有明确训练的目标和要求,只是盲目地机械重复训练动作,学员的驾驶技能水平很难提高。因此,在初始训练阶段,教练员必须严格要求学员练好基本功,以保证学员动作的准确性为目的,适当放慢训练的进度;当学员准确掌握动作之后,再要求其动作的熟练程度。随着训练的进行,教练员也应注意根据学员的掌握情况,有节奏地调节训练的进度,以便进一步训练学员把基本动作组合成完整、协调的动作系统的能力,以适应复杂交通情况的需求。

6 充分发挥教练员的监督和检查作用

从心理学的角度分析,学员对初次训练的印象最为深刻,如果在该阶段的错误动作没有得到及时纠正,就会形成一种错误的习惯,日后更难以改正。在训练的初期,学员基本上不具备察觉自身动作错误或动作不规范的能力,因此,需要教练员及时帮助诊断,发现错误及时纠正,以便学员从一开始就能够养成良好的习惯。

7 让学员知道每次训练的结果

训练的结果对于技能的掌握具有反馈作用。在每次训练结束后,教练员对学员的训练情况进行讲评,填写好教学日志,并让学员签字确认。这样能使学员及时了解自己的训练情况,检查自己在哪些方面有进步、哪些方面还存在不足,对自己作出正确的评估,帮助学员保留规范的、符合要求的动作,舍弃多余的、不符合要求的动作,及时巩固正确的动作、纠正错误的动作,从而提高训练的效率和质量。

二 规范化教学手势与口令

教练员在驾驶训练过程中,主要靠规范的手势和简明的口令指导学员。使用规范、统一的手势和口令,有助于学员正确理解教练员的意图,提高教学质量。

1 起步

左手曲臂向前平伸,五指并拢,手指向下,掌心向后,向前缓缓挥动1~2次,同时发出"起步!"口令。用于学员检查仪表完毕向教练员汇报并请示起步,教练员确认学员操作无误后。

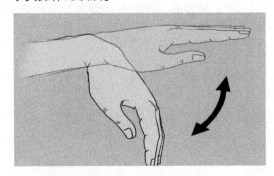

2 加速

左手曲臂向前平伸,五指并拢,掌心向下,向前上方急挥2~3次,同时发出"加速!"口令。用于视线良好、路面宽阔平坦,教练员确认可以提高行驶速度的路段。

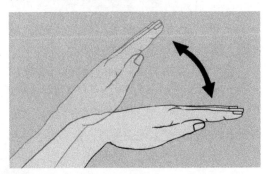

3 慢行

左手手臂向前平伸，五指并拢，掌心向下，上下缓缓浮动数次，同时发出"慢！"口令。用于前方视线不清、情况不明，确需减速慢行，而学员无减速意识的情况。

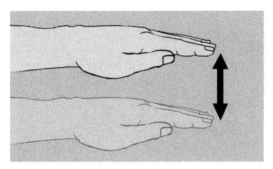

4 靠右行

左手曲臂向前竖伸，五指并拢，掌心向右，向右摆动数次，同时发出"靠右！"口令。用于前方道路情况需靠右行驶或向右变更车道，而学员无向右行的意识，需教练员提醒的情况。

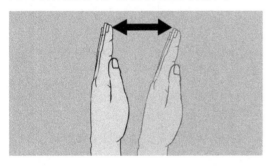

5 靠左行

左手翻手曲臂向前竖伸，五指并拢，拇指向下，掌心向左，向左摆动数次，同时发出"靠左！"口令。用于前方道路情况需靠左行驶或向左变更车道，而学员无向左行的意识，需教练员提醒的情况

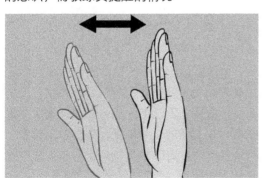

6 向左转弯

左手曲臂向前，用食指指向左侧，由小臂带动手指沿着向左方向进行圆弧划动，指示车辆向左转弯，同时发出"左转弯！"口令。用于在各种路口教练员指示学员向左转弯，并开启左转向灯。

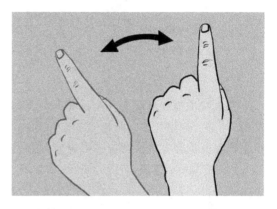

7 向右转弯

左手曲臂向前，用食指指向右侧，由小臂带动手指沿着向右方向进行圆弧划动，指示车辆向右转弯，同时发出"右转弯！"口令。用于在各种路口教练员指示学员向右转弯，并开启右转向灯。

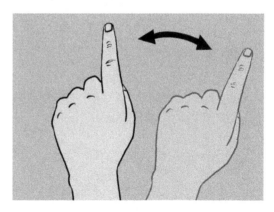

8 按喇叭

左手曲臂向前，手心向右握拳，大拇指翘起，拇指上下按动2~3次，同时发出"按喇叭！"口令。用于教练员提醒学员鸣喇叭。

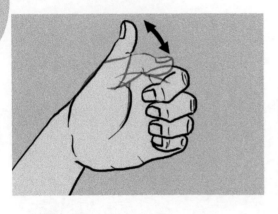

9 注意

左手食指指向障碍物，以示警告，同时发出"注意！注意左边！注意右边！"口令。用于教练员提醒学员注意前方障碍，做好随时采取相应措施的准备。

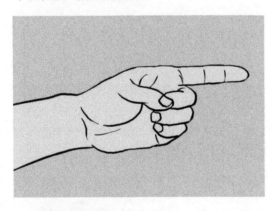

10 打开转向灯

右手五指尖向上并拢，一张一捏2~3次，同时发出"转向灯！"口令。用于教练员提醒学员在变更车道和转弯前打开转向灯。

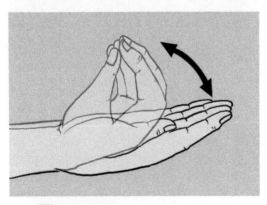

11 关闭转向灯

左手五指尖向下并拢，一张一捏2~3次，同时发出"转向灯！"口令。用于教练员提醒学员在变更车道和转弯后关闭转向灯。

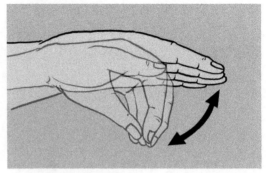

12 减速向右停车

先左手曲臂向前平伸，五指并拢，掌心向下，上下摆动2~3次以示减速；然后立即将手臂竖伸，手掌向右摆动1次，再变掌心向下摆动1次，并停顿片刻，以示停车，同时发出"减速停车！"口令。用于教练员指示学员向右侧减速停车。

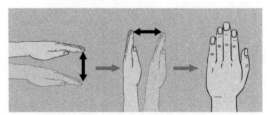

13 选择地点停车

先左手食指指向右侧固定目标，以示定点停车位置；然后立即变掌心向右摆动1次，再变掌心向下摆动1次，并停顿片刻，以示停车，同时发出"在××位置停车！"口令。用于教练员指示学员在指定位置定点停车。

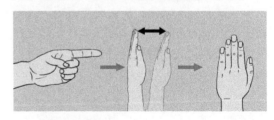

14 靠边停车

先左手曲臂向前竖伸，五指并拢，先将掌心向右摆动2~3次，以示靠边；然后立即变掌心向下摆动，并停顿片刻，以示停车，同时发出"靠边停车！"口令。用于教练员指示学员靠边停车。

向下，上下快速浮动数次，同时发出"停！快停！"口令。用于定点停车或者前方遇有情况时，教练员提醒学员立即采取停车措施。

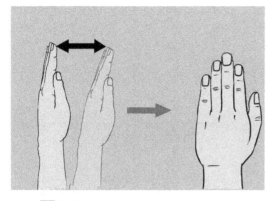
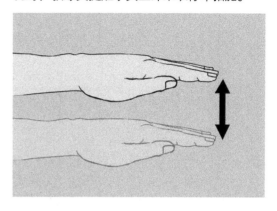

15 停车

左手曲臂向前平伸，五指并拢，掌心

第二节 按大纲开展规范化教学

一 第一部分

《教学与考试大纲》规定的"第一部分 道路交通安全法律、法规和相关知识"教学内容主要有法律、法规及道路交通信号、机动车基本知识、道路货物运输相关知识（适用于重型牵引挂车，大型货车）综合复习及考核3个教学项目。教学目标为：掌握法律、法规和规章中与道路交通安全有关的相关规定；掌握各类道路条件下的通行规则；掌握道路交通信号的含义和作用；掌握地方性法规的重点内容；了解机动车基本知识；掌握机动车主要仪表、指示灯和操纵装置、安全装置的基本知识。

1 法律、法规及道路交通信号

"机动车驾驶证申领与使用"规范化教学内容见表4-1。

"机动车驾驶证申领与使用"规范化教学内容　　　　表4-1

教学目标	掌握机动车驾驶证申领与使用的相关规定
教学内容	1.机动车驾驶证许可 符合公安部门规定的驾驶许可条件→申请机动车驾驶证→经过公安机关交通管理部门考试合格→取得相应类别的机动车驾驶证。 2.学习机动车驾驶 在道路上学习驾驶技能，要使用教练车，由教练员随车指导，按照公安机关交通管理部门指定的路线、时间进行，与教学无关的人员不得乘坐教练车。 驾驶证实习期。驾驶员初次取得汽车类准驾车型或者初次取得摩托车类准驾车型机动车驾驶证后的12个月为实习期。在实习期内驾驶机动车的，车身后要粘贴或者悬挂统一式样的实习标志；驾驶员在实习期内上高速公路行驶，要由持相应或者包含其准驾车型驾驶证3年以上的驾驶员陪同。在增加准驾车型后的实习期内，驾驶原准驾车型的机动车时不受上述相关要求的限制。 3.驾驶员考试要求 机动车驾驶员考试内容分为道路交通安全法律、法规和相关知识考试（以下简称"科目一"）、场地驾驶技能考试（以下简称"科目二"）、道路驾驶技能和安全文明驾驶常识考试（以下简称"科目三"）。

| 教学内容 | 4.发证、换证、补证
机动车驾驶证申请人考试合格后，在接受不少于半小时的交通安全文明驾驶常识和交通事故案例警示教育，并参加领证宣誓仪式后，当日核发机动车驾驶证。驾驶员可以通过互联网交通安全综合服务管理平台申请机动车驾驶证电子版。机动车驾驶证电子版与纸质版具有同等效力。
机动车驾驶证有效期有6年、10年、长期三种。
驾驶员户籍迁出原车辆管理所管辖区，应向迁入地车辆管理所申请换证。驾驶员在驾驶证核发地车辆管理所管辖区以外居住的，可以向居住地车辆管理所申请换证。
驾驶员身体条件发生变化，不符合所持机动车驾驶证准驾车型的条件，但符合准予驾驶的其他准驾车型条件的，应当在30日内到机动车驾驶证核发地或者核发地以外的车辆管理所申请降低准驾车型。
年龄在60周岁以上的，持有大型客车、重型牵引挂车、城市公交车、中型客车、大型货车驾驶证的，应当到机动车驾驶证核发地或者核发地以外的车辆管理所换领准驾车型为小型汽车或者小型自动挡汽车的机动车驾驶证，其中属于持有重型牵引挂车驾驶证的，还可以保留轻型牵引挂车准驾车型。
年龄在70周岁以上的，持有普通三轮摩托车、普通二轮摩托车驾驶证的，应当到机动车驾驶证核发地或者核发地以外的车辆管理所换领准驾车型为轻便摩托车的机动车驾驶证；持有驾驶证包含轻型牵引挂车准驾车型的，应当到机动车驾驶证核发地或者核发地以外的车辆管理所换领准驾车型为小型汽车或者小型自动挡汽车的机动车驾驶证。
驾驶员在机动车驾驶证有效期满前90日内，向机动车驾驶证核发地或者核发地以外的车辆管理所申请换证。机动车驾驶证记载的机动车驾驶员信息发生变化时或者驾驶证损毁无法辨认的，驾驶员要在30日内到机动车驾驶证核发地或者核发地以外的车辆管理所申请换证。
机动车驾驶证遗失的，驾驶员要向机动车驾驶证核发地或者核发地以外的车辆管理所申请补发。
5.违法记分
公安交通管理部门对驾驶员的道路交通安全违法行为，除依法给予行政处罚外，实行累积记分制度。道路交通安全违法行为累积记分，从机动车驾驶证初次领取之日起连续计算，或者自初次取得临时机动车驾驶许可之日起累积计算，一个周期（记分周期）为12个月，满分为12分。一次有两个以上违法行为记分的，分别计算，累加分值。
6.驾驶证审验
机动车驾驶证有效期满申请换证的，驾驶员户籍迁出原车辆管理所管辖申请换证的，在核发地车辆管理所管辖区以外居住区申请换证的，发生交通事故造成人员死亡承担同等以上责任未被吊销机动车驾驶证的驾驶员，年龄在70周岁以上的发生责任交通事故造成人员重伤或者死亡的驾驶员，都要接受审验。持有大型客车、重型牵引挂车、城市公交车、中型客车、大型货车驾驶证的驾驶员，在记分周期内有记分记录的，应当在记分周期结束后30日到公安机关交通管理部门接受审验。
7.驾驶证注销
驾驶员在实习期内被记满12分的，注销其实习的准驾车型驾驶资格。驾驶员具有以下情形之一的，车辆管理所注销其机动车驾驶证：
（1）死亡；
（2）提出注销申请；
（3）丧失民事行为能力，监护人提出注销申请；
（4）身体条件不适合驾驶机动车；
（5）有器质性心脏病、癫痫病、美尼尔氏症、眩晕症、癔病、震颤麻痹、精神病、痴呆以及影响肢体活动的神经系统疾病等妨碍安全驾驶疾病；
（6）被查获有吸食、注射毒品后驾驶机动车行为，正在执行社区戒毒、社区康复或者决定强制隔离戒毒，或者长期服用依赖性精神药品成瘾尚未解除；
（7）代替他人参加机动车驾驶员考试的；
（8）超过机动车驾驶证有效期一年以上未换证的；
（9）年龄在70周岁以上，在一个记分周期结束后一年内未提交身体条件证明的；或者持有残疾人专用小型自动挡载客汽车准驾车型，在三个记分周期结束后一年内未提交身体条件证明的；
（10）年龄在60周岁以上，所持机动车驾驶证只具有轮式专用机械车、无轨电车或者有轨电车准驾车型，或者年龄在70周岁以上，所持机动车驾驶证只具有低速载货汽车、三轮汽车准驾车型的；
（11）机动车驾驶证依法被吊销或者驾驶许可依法被撤销 |

"道路交通信号和道路通行规则"规范化教学内容见表4-2。

"道路交通信号和道路通行规则"规范化教学内容　　　表4-2

| 教学目标 | 掌握道路交通信号灯、道路交通标志、道路交通标线、交通警察手势的含义和作用；掌握各类道路条件下的通行规则；掌握变更车道、跟车、超车和限制超车、会车、避让行人和非机动车、掉头与倒车、停车、高速公路通行等的规定 |

| 教学内容 | 1.道路交通信号
（1）交通信号灯：交通信号灯有红、黄、绿三种颜色。红灯亮表示禁止通行，绿灯亮表示准许通行，黄灯亮表示警示。
（2）交通标志：交通标志有禁令标志、指示标志、警告标志、指路标志、旅游区标志、告示标志、辅助标志7种。
（3）交通标线：交通标线按功能可分为指示标线、禁止标线、警告标线3种。
（4）交通警察手势信号：交通警察手势信号有停止信号、直行信号、左转弯信号、左转弯待转信号、右转弯信号、变道信号、减速慢行信号、示意车辆靠边停车信号8种。
2.道路通行规则
（1）道路通行规定：道路划分为机动车道、非机动车道和人行道的路段，机动车、非机动车和行人实行分道行驶。在没有划分车道的道路上，机动车在道路中间通行。
（2）变更车道：驾驶机动车在道路上变更车道，不能影响其他车辆正常行驶。在道路同方向划有2条以上机动车道的路段，变更车道的机动车不得影响相关车道内正常行驶的机动车的正常行驶。
（3）跟车：驾驶机动车与同车道行驶的前车应注意保持足以采取紧急制动措施的安全距离，否则一旦前车采取紧急制动，容易发生追尾事故。
（4）超车与限制超车：驾驶机动车超车时，提前开启左转向灯，在确认有充足的安全距离后，从前车的左侧超越，在与被超车辆拉开必要的安全距离后，开启右转向灯，驶回原车道。驾驶机动车不得在铁路道口、交叉路口、窄桥、弯道、陡坡、隧道、人行横道、市区交通流量大的路段等没有超车条件的路段超车。
（5）会车：驾驶机动车在没有中心隔离设施或者没有中心线的道路上，遇相对方向来车时，要减速靠右行驶，并与其他车辆、行人保持必要的安全距离。
（6）避让行人和非机动车：驾驶机动车通过没有交通信号控制的交叉路口时，要减速慢行，让行人和非机动车先行。在没有方向指示信号灯的交叉路口转弯时，要让直行的行人和非机动车先行。
（7）掉头与倒车：驾驶机动车掉头时，要严格控制车速，仔细观察道路前后方情况，确认安全，并不得妨碍正常行驶的其他车辆和行人的通行。在有禁止掉头或者禁止左转弯标志、标线的地点，以及在铁路道口、人行横道、桥梁、急弯、陡坡、隧道或容易发生危险的路段，不得掉头。驾驶机动车倒车时，要查明車后情况，确认安全后倒车。不得在铁路道口、交叉路口、单行路、桥梁、急弯、陡坡或者隧道中倒车。
（8）停车：驾驶机动车停车，要在规定地点停放。需要在路边停车时，选择在停车泊位内停放。
（9）高速公路安全行驶：驾驶机动车从匝道驶入高速公路，在高速公路三角地带开启左转向灯，注意观察行车道内的车辆，正确选择汇入行车道的时机，确保安全。在高速公路上发生故障时，要迅速将车移至不妨碍交通的地方停放。故障车难以移动的，要立即开启危险报警闪光灯，在故障车来车方向150m以外设置警告标志，车上人员应当迅速转移到右侧路肩或者应急车道内，并且迅速报警。 |

"驾驶行为和交通违法行为处罚"规范化教学内容见表4-3。

"驾驶行为和交通违法行为及处罚"规范化教学内容 表4-3

教学目标	掌握法律法规中有关驾驶行为的规定和要求；了解道路交通违法行为记分规定；掌握交通安全违法行为情形和驾驶机动车的禁止行为；掌握交通肇事罪和危险驾驶罪的含义；了解交通事故责任承担原则，及交通违法行为的处罚措施
教学内容	1.驾驶行为 （1）基本要求：机动车驾驶员要严格遵守道路交通安全法律、法规的规定，按照操作规范安全驾驶、文明驾驶。驾驶机动车上道路行驶前，驾驶员要对机动车的安全技术性能进行认真检查，不得驾驶安全设施不全或者机件不符合技术标准等具有安全隐患的机动车。 （2）避让特殊车辆：驾驶机动车遇到执行紧急任务的警车、消防车、救护车、工程救险车等特种车辆，以及正在进行作业的道路养护车辆、工程作业车时要注意避让。 （3）驾驶机动车不得有下列行为： ①在车门、车厢没有关好时行车； ②在机动车驾驶室的前后窗范围内悬挂、放置妨碍驾驶员视线的物品； ③拨打接听手持电话、观看电视等妨碍安全驾驶的行为； ④下陡坡时熄火或者空挡滑行； ⑤向道路上抛撒物品； ⑥连续驾驶机动车超过4小时未停车休息或者停车休息时间少于20分钟； ⑦在禁止鸣喇叭的区域或者路段鸣喇叭。

续上表

| 教学内容 | 2.道路交通违法行为记分规定
（1）记分制度。公安机关交通管理部门对机动车驾驶员的交通违法行为，除依法给予行政处罚外，实行累积记分制度，记分周期为12个月，满分为12分。
（2）记分分值。根据交通违法行为的严重程度，一次记分的分值为12分、9分、6分、3分、1分。
（3）满分教育。驾驶员在一个记分周期内累积记分满12分的，应当参加为期7天的道路交通安全法律、法规和相关知识学习。其中，大中型客货车驾驶员应当参加为期30天的学习。驾驶员在一个记分周期内参加满分教育的次数每增加一次或者累积记分每增加12分，学习时间增加7天，每次满分学习的天数最多60天。其中，大中型客货车驾驶员在一个记分周期内参加满分教育的次数每增加一次或者累积记分每增加12分，学习时间增加30天，每次满分学习的天数最多120天。
（4）记分减免。驾驶员处理完交通违法行为记录后累积记分未满12分，参加公安机关交通管理部门组织的交通安全教育并达到规定要求的，可以申请在现有累积记分分值中扣减记分。在一个记分周期内累计最高扣减6分。交通违法行为情节轻微，给予警告处罚的，免予记分。
3.交通肇事罪、危险驾驶罪
《中华人民共和国刑法》第一百三十三条规定了交通肇事罪和危险驾驶罪的含义及处罚。
交通肇事罪：违反交通运输管理法规，因而发生重大事故，致人重伤、死亡或者使公私财产遭受重大损失的，处3年以下有期徒刑或者拘役；交通运输肇事后逃逸或者有其他特别恶劣情节的，处3年以上7年以下有期徒刑；因逃逸致人死亡的，处7年以上有期徒刑。
危险驾驶罪：指在道路上驾驶机动车，有下列情形之一的，处拘役，并处罚金：
（1）追逐竞驶，情节恶劣的；
（2）醉酒驾驶机动车的；
（3）从事校车业务或者旅客运输，严重超过额定乘员载客，或者严重超过规定时速行驶的；
（4）违反危险化学品安全管理规定运输危险化学品，危及公共安全的。处拘役，并处罚金。
同时构成其他犯罪的，依照处罚较重的规定定罪处罚。
4.交通事故赔偿责任及交通违法行为处罚措施
机动车发生交通事故造成人身伤亡、财产损失的，由保险公司在机动车第三者责任强制保险责任限额范围内予以赔偿；不足的部分，按照下列规定承担赔偿责任：
（1）机动车之间发生交通事故的，由有过错的一方承担赔偿责任；双方都有过错的，按照各自过错的比例分担责任。
（2）机动车与非机动车驾驶员、行人之间发生交通事故，非机动车驾驶员、行人没有过错的，由机动车一方承担赔偿责任；有证据证明非机动车驾驶员、行人有过错的，根据过错程度适当减轻机动车一方的赔偿责任；机动车一方没有过错的，承担不超过10%的赔偿责任。
交通事故的损失是由非机动车驾驶员、行人故意碰撞机动车造成的，机动车一方不承担赔偿责任。
道路交通违法行为的处罚措施主要包括行政强制措施、行政处罚、刑事处罚。行政强制措施主要包括扣留机动车、扣留机动车驾驶证、拖移机动车、强制检验体内违禁饮（用）品含量等情形；行政处罚包括：警告、罚款、暂扣或者吊销机动车驾驶证、拘留等；刑事处罚包括罚金、管制、拘役、有期徒刑、剥夺政治权利等 |

"机动车登记、交通事故处理"规范化教学内容见表4-4。

"机动车登记、交通事故处理"规范化教学内容　　　　　表4-4

教学目标	了解机动车登记和使用的有关规定；掌握道路交通事故快速处置方法，事故现场保护、事故报警与求助
教学内容	1.机动车登记 （1）注册登记：机动车所有人初次申领机动车号牌、行驶证时，要到机动车安全技术检验机构对机动车进行安全技术检验，取得机动车安全技术检验合格证明后，向住所地的车辆管理所申请注册登记。机动车达到国家规定的强制报废标准的不能办理注册登记。 （2）变更登记：已注册登记的机动车改变车身颜色、变更发动机、更换车身或者车架、因质量问题更换整车、登记的使用性质改变、机动车所有人住所迁出或者迁入车辆管理所管辖区域时，机动车所有人都应当向登记地车辆管理所申请变更登记。 （3）转让登记：已注册登记的机动车所有权发生转让时，现机动车所有人要自机动车交付之日起30日内向登记地车辆管理所申请转让登记。机动车所有人申请转让登记前，要将涉及该车的道路交通安全违法行为和交通事故处理完毕。

教学内容	（4）抵押登记：机动车所有人将机动车作为抵押物抵押时，要向登记地车辆管理所申请抵押登记；抵押权消灭的，向登记地车辆管理所申请解除抵押登记。 （5）注销登记：机动车已达到国家强制报废标准、机动车灭失、机动车因故不在我国境内使用、因质量问题退车时，机动车所有人要到登记地车辆管理所办理注销登记。 2.交通事故处理 （1）事故现场报警和处置：在道路上发生交通事故时，驾驶员要立即停车，保护现场；在确保安全的原则下，立即组织车上人员疏散到路外安全地点，避免发生次生事故。因抢救受伤人员变动现场的，要标明位置。 （2）自行协商事故处理：在道路上发生仅造成轻微财产损失、未造成人身伤亡的交通事故，当事人对事实及成因无争议时，可以即行撤离现场，将车辆移至不妨碍交通的地点，恢复交通，自行协商处理损害赔偿事宜。移动车辆时，当事人要在确保安全的原则下对现场拍照或者标划事故车辆现场位置。 （3）事故现场的强制撤离：交通警察使用简易程序处理道路交通事故时，固定现场证据后，责令当事人撤离现场，恢复交通。对应该自行撤离现场而未撤离的当事人，可责令撤离现场，对造成交通堵塞的驾驶员处200元罚款。

2 机动车基本知识

"车辆结构常识、车辆主要安全装置及驾驶操纵机构的作用"规范化教学内容见表4-5。

"车辆结构常识、车辆主要安全装置及驾驶操纵机构的作用"规范化教学内容 表4-5

教学目标	了解车辆的基本构成及各组成部分的基本功能；掌握安全头枕、安全带、安全气囊、灯光、喇叭、后视镜、逃生出口、仪表、指示灯、报警灯、防抱死制动系统、儿童安全座椅等的作用；掌握三角警告牌、灭火器等安全设备的作用；掌握转向、加速、变速、行车制动和驻车制动等操纵装置的作用；掌握离合器操纵机构的作用；了解汽车辅助驾驶装置及功能
教学内容	1.车辆结构常识、主要安全装置 （1）车辆的基本构成：汽车主要由发动机、底盘、车身和电气设备四部分组成。发动机产生的动力，通过离合器、变速器、万向传动轴和差速器传给驱动车轮，驱动汽车行驶。 （2）主要安全装置的配置：汽车的安全装置主要有安全头枕、安全带、安全气囊、防抱死制动系统、儿童安全锁、仪表装置、照明与信号装置、三角警告牌和灭火器等。 （3）防抱死制动系统：汽车紧急制动时，防抱死制动系统可防止车轮抱死，最大限度发挥制动器效能，在提供最大制动力的同时能使汽车前轮保持转向的能力，消除制动过程中的跑偏、甩尾等不稳定状态，并获得良好的制动效果。 （4）儿童安全座椅：儿童安全座椅系于汽车座位上（应当置于后排座位上），供儿童乘坐，有束缚设备，需要根儿童的年龄或身高正确安装，能在发生交通事故时最大限度保障儿童的安全。 （5）仪表装置：汽车仪表盘上安装有各种仪表、指示灯及警示灯，用于帮助驾驶员观察和掌握汽车各系统的工作情况，提示异常现象和故障，以便及时消除危险隐患。 （6）照明与信号装置：照明与信号装置主要包括前照灯、雾灯、转向信号灯、制动灯、倒车灯以及喇叭等，这些灯光与信号装置对车辆安全行驶起着重要的作用。 （7）三角警告牌：驾车行驶中，遇到车辆故障需停车检修或者是发生交通事故时，按规定将三角警告标志牌置于车辆后方，可以提醒其他车辆注意避让，以免发生二次事故。 （8）灭火器：车载灭火器专用于汽车灭火，多为手提式的，一般体积较小，随车携带，可扑灭车辆较小的初起火灾。 2.驾驶操纵机构的作用 （1）转向盘：转向盘是驾驶员操纵汽车行驶方向的装置，转向盘通过转向机构控制转向轮向右、向左改变汽车行驶方向或保持汽车直线行驶。 （2）加速操纵装置：加速踏板是驾驶员操纵汽车发动机转速的装置，用于控制进入发动机汽缸内燃料和空气的量。驾驶员踩下加速踏板，发动机转速提高，动力增加，抬起加速踏板，发动机转速和动力下降。 （3）行车制动操纵装置：制动踏板是驾驶员操纵汽车行车制动器的装置，用于汽车减速和停车。驾驶员踩下制动踏板，产生制动作用，抬起制动踏板，制动解除。 （4）变速器操纵装置：驾驶员操纵变速器操纵杆变换变速器内不同齿轮的啮合，可改变汽车的动力、速度和进退方向，使汽车加速、减速或实现倒车。

续上表

| 教学内容 | （5）驻车制动操纵装置：驻车制动器操纵杆是驾驶员控制驻车制动系统的装置，可以使汽车可靠地停住而不溜滑。驾驶员拉紧驻车制动器操纵杆起制动作用，放下操纵杆，制动作用解除。
（6）离合器操纵装置：离合器是传递发动机和变速器之间动力的装置，驾驶员踩下离合器踏板，离合器分离，动力被切断；抬起离合器踏板，离合器接合，动力被传递。
（7）汽车辅助驾驶装置：常见的汽车辅助驾驶装置有自适应巡航系统（ACC）、车道保持辅助系统（LKA）、碰撞避免或预碰撞辅助系统（FCW）、驾驶员疲劳探测或驾驶行为预警系统、自动辅助导航驾驶系统，这些功能可提高驾驶的安全性、舒适性。但前提是驾驶员必须认真阅读说明书，并按说明书要求规范操作 |

"车辆性能、车辆检查和维护及车辆运行材料"规范化教学内容见表4-6。

"车辆性能、车辆检查和维护及车辆运行材料"规范化教学内容　　表4-6

教学目标	了解车辆性能与安全行车的关系；掌握车辆日常检查和维护的基本知识；了解轮胎、燃油、润滑油、冷却液、风窗玻璃清洗液等运行材料的使用常识；了解新能源汽车技术及使用常识
教学内容	1.车辆性能、车辆检查和维护 车辆性能好坏对车辆的安全行驶起着至关重要的作用，行车前，驾驶员要对汽车的有关部位进行清洁和检查。车辆日常维护，以清洁、补给和安全检视为中心内容，一般由驾驶员完成。汽车一级维护、二级维护等以行驶里程或时间为依据，需要由专业的维修厂完成。 2.车辆运行材料 （1）汽油：我国车用汽油（V）一般有89号、92号、95号和98号四个牌号。汽油牌号越高，其抗爆震性能越好（爆震是发动机汽缸内的一种不正常燃烧现象）。加注汽油时，按照汽车使用说明书要求选用规定牌号的汽油。 （2）发动机润滑油（简称机油）：机油分为冬季用机油、非冬季用机油和多级机油（四季通用）三类。号数越大，机油的黏度越高，适用的气温越高。添加机油时，按照汽车使用说明书要求选用规定牌号的机油。 （3）冷却液：冷却液是蒸馏水与防冻剂按一定比例配制而成的，为了便于识别冷却液，在其中加入了着色剂，冷却液呈蓝绿色或黄色。蒸馏水与防冻剂的比例不同，冷却液的冰点也不同。要按照汽车使用说明书要求选用和定期更换规定牌号的冷却液，不同牌号的冷却液不能混用。 （4）风窗玻璃清洗液：风窗玻璃清洗液主要由蒸馏水、清洁剂和酒精配制而成。风窗玻璃清洗液分为夏季用和冬季用两种类型，添加时要根据气温情况来选用，要尽量避免混用不同牌号的清洗液 3.新能源汽车技术及使用常识 新能源汽车有纯电动汽车、混合动力汽车及燃料电池汽车等。目前，我国纯电动汽车数量占新能源汽车总量的比例约为80%，因此，此处仅介绍纯电动汽车的使用常识。 （1）蓄电池使用与维护知识。①电动汽车续航能力有限，驾驶中要密切关注蓄电池管理系统的显示，注意电量变化情况，及时充电。②冬季电动汽车续航里程会缩短，一般会缩短20%~30%，气温越低，行驶里程越少。③过度充电、过度放电和充电不足都会缩短蓄电池的使用寿命。蓄电池电量剩20%左右时就可以充电，正确把握充电时间，同时避免频繁地满充满放。④连接或断开充电插座时应注意，要使用与车辆型号匹配的充电桩充电，连接或断开插头时，用手握住插头握把，不要触碰插头边缘，以防触电，连接插头前，检查并确认插头端子上无异物，插入后确保插头完全插入充电插孔；此外，给蓄电池充电时，要确保车辆完全断电，车内不要留人。 （2）驾驶时的注意事项。①电车启动时相对安静，起步时要格外注意周围的行人、非机动车；电动汽车起步提速快，要轻踩加速踏板。②能量回收功能开始时，在需要减速时直接抬起加速踏板即可，但要注意能量回收功能不能完全当制动使用，一是减速的程度有限，二是有的车辆制动灯不会亮起，不能有效提醒后方来车。③车辆涉水时，注意水深不要超过轮胎的1/2,涉水时要保持匀速行驶，尽快通过积水路段，涉水后要检查底盘、制动系统，还要检查蓄电池、电机及电源线束。④谨防"托底"，防止蓄电池包受损，影响行车安全

二 第二部分

《教学与考试大纲》规定的第二部分"基础和场地驾驶"教学内容主要有基础驾驶、场地驾驶、综合驾驶及考核3个教学项目。教学目标为：掌握基础驾驶和场地驾驶理论知识；掌握基础的驾驶操作要领，具备对车辆控制的基本能力；掌握基础操作和场内驾驶的基本方法，具备合理使用车辆操纵机件、正确控制车辆运动空间位置的能力，能够准确地控制车辆的行驶位置、速度和路线。

小型汽车（包括小型自动挡汽车）

基础驾驶包括驾驶姿势、操纵装置的规范操作、车辆安全检视、起步前车辆检查与调整、上下车动作、上下车前的观察、起步、停车、变速、换挡、倒车、行驶位置和路线；场地驾驶包括倒车入库、坡道定点停车和起步、侧方停车、曲线行驶、直角转弯。

1 基础驾驶

"驾驶姿势、操纵装置的规范操作"规范化教学内容见表4-7。

"驾驶姿势、操纵装置的规范操"规范化教学内容　　表4-7

教学目标	掌握正确的驾驶姿势，规范使用安全带；掌握转向装置、变速器操纵装置、驻车制动装置、行车制动装置、加速操纵装置的正确操作方法；掌握灯光信号、喇叭及其他操纵装置的正确操作方法；掌握离合器踏板的正确操作方法
操作方法	1.驾驶姿势操作步骤 （1）腰部、背部靠在座椅上，调整座位，身体对正转向盘，距离保持在10cm以上，以双手能握住转向盘顶部为最合适的角度为准，头部端正，看远顾近。 （2）左、右两膝自然分开，膝盖微弯曲，能够轻松自如地踩踏加速踏板、离合器踏板和制动踏板。 （3）两手分别轻松地握住转向盘两侧边缘，肘部微曲。 2.操纵装置操作步骤 （1）握转向盘：双手自然握住转向盘，转动转向盘时以左手为主，右手为辅。 （2）驻车制动：拉紧→松开。 （3）踏板识别：从左至右→离合器踏板→制动踏板→加速踏板。 （4）挡位识别：空挡→1~5挡前进挡→R挡倒车挡。 （5）通电起动：解锁→通电→起动。 （6）仪表灯光识别与应用。 （7）离合器踏板，一次踏到底，抬踏板时要做到两快两慢一停顿
教学难点	抬离合器踏板： 驻车制动操纵杆待放状态→（快）抬离合器踏板接近半联动→踩加速踏板（量与坡度成正比）→慢抬离合器踏板至联动点（发动机声音由清脆变沉闷或汽车有前行趋势。）→停顿（或将离合器压一压）→松驻车制动器操纵杆→慢抬离合器踏板，同时踩加速踏板→快抬离合器踏板（脚放在底板上）
注意事项	（1）换挡时，两眼注视前方，不得低头看挡，不得强推硬拉变速器操纵杆。 （2）发现挂错挡位，应立即踏下离合器踏板重挂。 （3）不可用脚尖或脚心踩离合器踏板，以免操纵无力或脚滑离踏板。 （4）踩踏板时动作要迅速，一踩到底，使离合器分离彻底

"车辆安全检视"规范化教学内容见表4-8。

"车辆安全检视"规范化教学内容　　表4-8

教学目标	掌握出车前车辆外观、发动机舱的正确检视方法；掌握行车中、收车后车辆安全检视的内容和方法
操作方法	1.出车前的检视 出车前，驾驶人首先要对车辆外观、发动机舱、驾驶室、客舱(客车)等进行检视，然后起动发动机，对各仪表、报警装置、发动机运转情况进行检视，发现问题或者故障，及时解决和排除。

续上表

操作方法	2.行车中的检视 行车途中，驾驶人要定期停车对车辆外部进行检视，发现问题或者故障，及时解决和排除。从车辆左前部开始逆时针绕车一周，检查各部位有无漏油、漏液、漏气现象。 3.收车后的检视 每次（每天）收车后，驾驶人必须结合当次（当天）车辆的运行情况对车辆进行清洁检查，必要时补充机油、燃油、制动液和冷却液，并进行安全检查，发现情况应及时解决和排除。必要时，送专业维修机构及时开展维修作业
教学难点	（1）检视的重点内容要有所侧重，行车前的检视内容应最全面； （2）车辆外观检视重点检查胎压、号牌、灯光信号装置、车辆部件紧固情况等及有无"三漏"现象
注意事项	（1）教练员教学中应严格开展车辆安全检视； （2）每种车型检视的内容会有所区别； （3）检视的顺序应从车辆左前部逆时针绕车一周进行检视； （4）发现问题或故障，及时排除或送修，不让车辆"带病"运行

"起步前车辆检查与调整"规范化教学内容见表4-9。

"起步前车辆检查与调整"规范化教学内容   表 4-9

教学目标	掌握调整座椅、头枕、后视镜，以及系、松安全带的正确方法；掌握检查操纵装置、起动发动机、检查仪表、停熄发动机的正确方法
操作方法	调整座椅→头枕→后视镜→系、松安全带→检查操作装置→起动发动机→检查仪表→停熄发动机
教学难点	起动发动机操作： （1）起动发动机时，踏下离合器踏板，稍踏加速踏板，旋动点火开关至Ⅲ（START）起动位置后，发动机起动后立即松开钥匙（不松钥匙的时间不得超过2.5s）。 （2）每次起动发动机的时间不得超过5s，再次起动间隔15s；切忌发动机起动后猛踏加速踏板或连续踏抬加速踏板。 （3）发动机运转平稳后，放松离合器踏板和加速踏板。 （4）保持发动机怠速运转，检查仪表有无异常情况
注意事项	（1）系安全带：肩部安全带部分必须通过肩部中间，切勿勒过颈部、手臂，从手臂下或肩部后面通过。腰部安全带部分必须始终从髋部前面通过，切勿从腹部勒过。安全带不得打卷、扭曲，必须牢固插入插座内，防止安全带插到邻座插座上。 （2）起动发动机前，一定要先将变速器操纵杆置于空挡位置，发动机起动后，立即松开点火开关，遇到点火开关转不动时，可一边轻轻晃动转向盘，一边转动钥匙。 （3）正确调整好车辆内外后视镜，以减少后视盲区

2 场地驾驶

"倒车入库"规范化教学内容见表4-10。

"倒车入库"规范化教学内容　　　表4-10

教学目标	掌握参照地面目标；合理操纵车辆从两侧倒入和驶出车库的正确操作方法
操作要求	从道路一端控制线（两个前轮触地点在控制线以外），倒入车库停车，再前进出库向另一端控制线行驶，待两个前轮触地点均驶过控制线后，倒入车库停车，前进驶出车库，回到起始点。考试过程中，车身不应超出道路边缘线或库位边线，车辆进退途中不应停车。项目完成时间不得超过3.5min
操作方法	驶入起始点→向右倒车→停车→直行→向左上线→停车→向左倒车→停车→驶离科目场地。 ①停车：保持车身与左侧边线相距1.5~1.8。 ②从左侧看到前面控制线与左后视镜框下沿重叠时，转向盘向右打到底。 ③从右后视镜中观察车身尾部与库位右前库角横向距离在40cm时，将转向盘迅速向左回半圈。 ④当车身与车库边线平行时将转向盘迅速向左回一圈（即转向盘回正）。 ⑤当左侧看到车库前边线与左后视镜框下沿重叠时，停车，完成右倒库。 ①当观察到车辆左后轮压到库位的车位控制线时，迅速将转向盘向左转动到底。 ②当车辆摆正或与道路边缘线平行时，回正转向盘，车轮越过控制线。 注意要点： （1）正确运用离合器半联动控制车速，保持车速平稳、缓慢，中间不能停顿，车身不能触轧道路及库位边线。 （2）在车辆倒入库位时，发现偏差要及时进行修正，调整转向盘的幅度不宜过大，一般控制在1/4圈范围内。 （3）学员在初次上车操作倒车入库时，容易出现将转向盘转反和错把加速踏板当制动踏板踩下等不安全因素，教练员要随车指导，确保安全

续上表

评判标准	（1）不按规定路线、顺序行驶的，不合格； （2）车身出线的，不合格； （3）倒库不入的，不合格； （4）在倒车前，未将两个前轮触地点均驶过控制线的，不合格； （5）项目完成时间超过规定时间的，不合格； （6）中途停车的，每次扣5分

"坡道定点停车和起步"规范化教学内容见表4-11。

"坡道定点停车和起步"规范化教学内容　　　　表4-11

教学目标	掌握操纵车辆定点停车和坡道平稳起步的正确操作方法
操作要求	控制车辆准确停车，平稳起步。行驶过程中，车轮不应触轧道路边缘线；停车时，汽车前保险杠应位于桩杆线上，车身距离右侧道路边缘线距离不应超过30cm；起步时，车辆不应后溜。起步时间不得超过30s
操作方法	沿道路右侧边缘线内侧行驶（三点法）→找准定点停车参照物→按停车操作要领停车→坡路起步稳定性（离合器半联动点、加速踏板与驻车制动操纵杆或制动踏板三者配合能力)。  ①车辆上坡时，运用靠边行驶的三点法。 ②使车身与右侧边线保持在30cm距离内。  ③当车辆将要接近路边标志杆时，看车辆前端左右角的连线与标志杆将成一线时（不到标准杆）果断制动，车辆停止后，汽车前保险杠定于桩杆线上，车身距离路边缘线30cm以内。 注意要点： 把握设定目标点停车的准确性和起步的稳定性，强化操纵驻车制动器操纵杆、离合器踏板、加速踏板的配合
评判标准	（1）车辆停止后，汽车前保险杠未定于桩杆线上，且前后超出50cm的，不合格； （2）车辆停止后，车身距离路边缘线超出50cm的，不合格； （3）起步超过规定时间的，不合格； （4）车辆停止后，汽车前保险杠未定于桩杆线上，且前后不超出50cm的，扣10分； （5）车辆停止后，车身距离路边缘线超出30cm但未超出50cm的，扣10分； （6）停车后，未拉紧驻车制动器的，扣10分

"侧方停车"规范化教学内容见表4-12。

"侧方停车"规范化教学内容　　　　　　　　　　　　　表 4-12

教学目标	掌握操纵车辆顺向停入道路右侧车位(库)的正确操作方法
操作要求	车辆在库左前方一次倒车入库,再开启左转向灯后前进向左前方出库,出库后关闭转向灯。考试过程中,车轮不应轧道路边缘线,车身不触碰库位边线,项目完成时间不应超过1.5min
操作方法	驶入侧方停车起始位置→停车→直线倒车→选择向右转动转向盘时机→向右转动转向盘→(或转正转向盘)→选择向左转转向盘时机→向左转动转向盘→选择停车时机→停车→驶离科目场地。 注意要点: 判断转动转向盘的方向和时机把握,严格要求驾驶姿势和车速
评判标准	(1)车辆入库停止后,车身出线的,不合格; (2)项目完成时间超过规定时间的,不合格; (3)行驶中车轮触轧道路边缘线或库位边线的,每次扣10分; (4)行驶中车身触碰库位边线的,每次扣10分; (5)出库时不使用或错误使用转向灯,扣10分; (6)中途停车的,每次扣5分

"曲线行驶"规范化教学内容见表4-13。

"曲线行驶"规范化教学内容　　　　　　　　　　　　　表 4-13

教学目标	掌握操纵转向盘,控制车辆进行曲线行驶的正确操作方法
操作要求	驾驶车辆从弯道的一端前进驶入,从另一端驶出。行驶中车轮不得触轧车道边缘线,转向、速度平稳。中途不应停车
操作方法	进入左转S形曲线行驶:控制转向盘→左转弯,车辆尽量靠右行→视线沿车前的一点与右侧边线重叠并兼顾看后视镜行驶→弯道转换时,回正前轮→车行驶在路中间→右转,车辆尽量靠左行→视线沿车前的一点与左边侧边线重叠并兼顾看后视镜行驶→驶离科目场地。

续上表

操作方法	注意要点： 正确判断外侧车轮行驶位置，在车辆转弯时看后视镜；行驶中车速要均匀，中间不能停顿，车轮不得轧线
评判标准	（1）车轮轧道路边缘线的，不合格； （2）大型客车、重型牵引车、城市公交车、大型货车、中型客车准驾车型行驶时挡位未挂在二挡及以上的，扣5分； （3）中途停车的，每次扣5分

"直角转弯"规范化教学内容见表4-14。

"直角转弯"规范化教学内容　　　　　　　表4-14

教学目标	掌握在急转弯路段正确操纵转向盘，准确判断内外轮差的方法
操作要求	驾驶车辆按车道边线向右或向左直角转弯。转弯前应开启转向灯，完成转弯后应关闭转向灯；行驶中，车轮不应触轧车道边线，中途不应停车
操作方法	（向左直角转弯）驾驶车辆按规定的线路低速行驶→靠右侧行驶→选参照物→向左转动转向盘→再选参照物→向右转动转向盘→驶离科目场地 注意要点： 向左直角转弯时，靠边、直线行驶，车身与右边线保持距离为20～30cm
评判标准	（1）车轮轧道路边缘线的，不合格； （2）转弯前不使用或错误使用转向灯的，扣10分； （3）转弯后不关闭转向灯的，扣10分； （4）中途停车的，每次扣5分

三　第三部分

《教学与考试大纲》规定的第三部分"道路驾驶"教学内容主要有跟车行驶、变更车道、靠边停车、掉头、通过路口、通过人行横道、通过学校区域、通过公共汽车站、会车、超车、夜间驾驶、恶劣条件下的驾驶、山区道路驾驶、高速公路驾驶、行驶路线选择、综合驾驶及考核16个教学项目。教学目标为：掌握道路驾驶时的安全行车相关知识；掌握一般道路和夜间驾驶方法，能够根据不同的道路交通状况安全驾驶；具备自觉遵守交通法规、有效处置随机交通状况、无意识合理操纵车辆的能力，做到安全、文明、谨慎驾驶。

小型汽车（包括小型自动挡汽车）道路驾驶的教学内容包括上车准备、起步、直线行驶、加减挡位操作、跟车行驶、变更车道、靠边停车、直行通过路口、路口左转弯、路口右转弯、通过人行横道线、通过学校区域、通过公共汽车站、会车、超车、掉头、夜间行驶或模拟夜间灯光使用、恶劣条件下的驾驶、山区道路驾驶、高速公路驾驶。

《教学与考试大纲》规定的"第四部分　安全文明驾驶常识"教学内容与"第三部分　道路驾驶"交叉融合。不再单独列出。

"上车准备"规范化教学内容见表4-15。

"上车准备"规范化教学内容　　　　　表4-15

教学目标	上车前检查车辆外观及周围环境，确保行车环境安全，规范上车动作
操作要求	上车前，逆时针绕车一周，观察车辆外观和周围环境，确认安全。打开车门前应观察后方交通情况，确认安全后开门上车
操作方法	逆时针绕车一周对其外观及周围环境进行充分检查→上车→检查调整→系安全带。 ①上车前绕车一周检查车辆外观及充分观察安全状况。 ②车外（右）侧转至车头前止步，观察左右侧道路情况。 ③确认安全后，走到车门前。 ④打开车门前，注意观察后方交通情况。 ⑤确定安全后，用左手打开车门，按规范动作上车，关闭车门。 注意要点： 上车前逆时针绕车一周，注意观察
评判标准	（1）未逆时针绕车一周检查车辆外观及周围环境或在检查中未发现存在的安全隐患的，不合格； （2）打开车门前不观察后方交通情况的，不合格

"起步"规范化教学内容见表4-16。

"起步"规范化教学内容　　　　　　　　　　　　　　　表4-16

教学目标	掌握起步前检查、调整、观察的要领和安全平稳起步的驾驶方法
操作要求	起步前,检查车门是否完全关闭,调整座椅、内外后视镜,系好安全带,检查驻车制动器、挡位、起动发动机。检查仪表,观察内、外后视镜,向左回头观察后方交通情况,开启左转向灯,挂挡,松驻车制动,起步。 起步过程平稳、无闯动、无后溜,不熄火
操作方法	充分观察后视镜、向左回头观察→平稳起步。 （图：随时注意两侧道路情况,在不影响其他车辆和行人正常通行的情况下,逐渐缓慢向左驶入行车道。） 注意要点: 强化起步过程中动作的协调性训练,熟练进行驻车制动器操纵杆、离合器踏板及加速踏板三者协调配合操作,安全、平稳起步
评判标准	（1）制动气压不足起步的,不合格; （2）车门未完全关闭起步的,不合格; （3）起步前,未观察内、外后视镜,或未回头观察后方交通情况的,不合格; （4）起动发动机时,挡位未置于空挡(驻车挡)的,不合格; （5）不松驻车制动器起步,未及时纠正的,不合; （6）不松驻车制动器起步,但能及时纠正的,扣10分; （7）发动机起动后,不及时松开起动开关的,扣10分; （8）道路交通情况复杂时起步不能合理使用喇叭的,扣5分; （9）起步时车辆发生闯动的,扣5分; （10）起步时,加速踏板控制不当,致使发动机转速过高的,扣5分; （11）起动发动机前,不检查调整驾驶座椅、后视镜的,扣5分; （12）起步前,不检查仪表的,扣5分

"直线行驶"规范化教学内容见表4-17。

"直线行驶"规范化教学内容　　　　　　　　　　　　表4-17

教学目标	掌握根据道路情况合理控制车速、车距,正确使用挡位,保持直线行驶
操作要求	根据道路情况合理控制车速,正确使用挡位,保持直线行驶,跟车距离适当,行驶过程中适时观察内、外后视镜,视线离开行驶方向不应超过2s,行驶距离应大于或等于100m
操作方法	行驶方向的控制:正确的驾驶姿势,直线行驶位置稳定性训练;行驶速度的控制:注意观察,适时调整车速;安全距离的控制:安全距离的识别,纵向、横向安全距的控制。 注意要点: 转向盘操作的稳定性,挡位的使用、跟车距离的确定

续上表

评判标准	（1）方向控制不稳，不能保持车辆直线运行的，不合格； （2）遇前车制动时不及时采取减速措施的，不合格； （3）不适时通过内、外后视镜观察后方交通情况的，扣10分； （4）未及时发现路面障碍物或发现路面障碍物未及时采取减速措施的，扣10分

"加减挡位操作"规范化教学内容见表4-18。

"加减挡位操作"规范化教学内容　　　　表4-18

教学目标	掌握根据道路交通状况和车速，合理加减挡，及时、平顺换挡的驾驶方法
操作要求	根据路况和车速，合理加减挡，换挡及时、平顺，行驶过程中至少应加至次高挡，不应越级加挡
操作方法	加速→加挡训练；减速→减挡训练；连续逐级→加挡和减挡训练；根据车速→越级减挡训练。  ①在确保安全距离的情况下，根据车速选择挡位，一般这样操作：一挡加二挡、二挡加三挡应在50m内完成，其余挡位可根据道路情况加减挡，在无影响安全行车的路况时，应在200m内加至五挡，加速踏板使用合理，加挡及时。  ②挡位与车速相匹配，一挡最高设定在25km/h，二挡最高设定在35km/h，三挡最高设定在45km/h，三挡不低于20km/h，四挡不低于30km/h，五挡不低于40km/h。发动转速最高不超过2500r/min。加挡时在道路状况允许的情况下，每个挡位应在10s或50m之内完成加挡动作。 注意要点： 增强及时加挡意识，把握减挡时机，合理使用挡位
评判标准	（1）行驶中越级加挡的，不合格； （2）行驶中未加至次高挡及以上的，不合格； （3）车辆运行速度和挡位不匹配的，扣10分； （4）行驶中在次高挡位及以上行驶时间不足5s的，扣10分

"跟车行驶"规范化教学内容见表4-19。

"跟车行驶"规范化教学内容　　　　　表4-19

教学目标	熟知跟车时合理控制跟车速度、保持跟车距离知识;掌握跟车行驶的安全驾驶方法
操作要求	根据车辆所处交通环境,以不同的行驶速度跟随前车,保持安全距离
操作方法	车速与前车保持一致;前车加速时,及时加速,如前车过快就要放弃跟车;安全距离与车速有关,车速快时,适当加大跟车距离,车速慢时,适当缩小跟车距离;在极低速跟车时,应保持能看到前车整体后轮位置的跟车距离。 跟车间距状态识别和跟车速度控制的训练,在有可能出现危险情况时,能使车辆安全停车所控制的速度和车距。车距应遵守交通法规定的范围内,跟车距离保持3s所行驶的距离。
注意要点：	跟车行驶中,不仅要看前车,还要注意观察前车的前车的动态,特别是能够根前车情况及时制动,同时警示后车

"变更车道"规范化教学内容见表4-20。

"变更车道"规范化教学内容　　　　　表4-20

教学目标	熟知变更车道时观察、判断安全距离;控制行驶速度知识;掌握使用灯光信号、合理选择变更车道时机、平稳变更车道的安全驾驶方法
操作要求	变更车道前,正确开启转向灯,通过内、外后视镜观察,并向变更车道方向回头观察后方道路交通情况,确认安全后变更车道,变更车道完毕关闭转向灯。变更车道时,判断车辆安全距离,控制行驶速度,不得妨碍其他车辆正常行驶
操作方法	观察道路情况,不妨碍其他道路交通参与者→确认安全,遵守相关法律规定→开启转向灯→观察道路情况→确认不妨碍其他车辆正常行驶→逐渐将车辆变更到所需车道→关闭转向灯。 ①变更车道前,通过内外后视镜观察后方道路交通情况。 ②确认安全后提前3s开启转向灯,再次观察道路两侧有无车辆超越,在不妨碍其他车辆正常行驶的情况下逐渐将车辆变更到所需车道后,关闭转向灯。
注意要点：	准确把握邻近车道路况,确保安全

评判标准	（1）变更车道前，未通过内、外后视镜观察，并向变更车道方向回头观察后方道路交通情况的，不合格； （2）变更车道时，判断车辆安全距离不合理，妨碍其他车辆正常行驶的，不合格； （3）变更车道时，控制行驶速度不合理，妨碍其他车辆正常行驶的，不合格

"靠边停车"规范化教学内容见表4-21。

"靠边停车"规范化教学内容　　　　　　　　　　表4-21

教学目标	熟知靠边停车时正确使用灯光信号，观察后方和两侧交通状况知识；掌握靠路边顺位停车、倒入路边车位(S形倒车入位)、倒入车库(L形倒车入位)的驾驶方法
操作要求	靠路边顺位停车：开启右转向灯，通过内、外后视镜观察后方和右侧交通情况，并回头观察确认安全后，减速，向右转向靠边，平稳停车；在前后无干扰的条件下，停车后不应再次移动车辆。挂空挡（自动挡车挂P挡），拉紧驻车制动器，关闭转向灯，熄火，回头观察左后方交通情况，确认安全后缓慢打开车门，下车后关闭车门。停车后，车身距离道路右侧边缘线或者人行道边缘30cm以内
操作方法	观察后方和右侧交通情况→开启右转向灯→适量踩下制动踏板→向右转动转向盘→车速降至一挡时踏下离合器踏板→右前轮靠近路沿时向左转动转向盘→回正转向盘。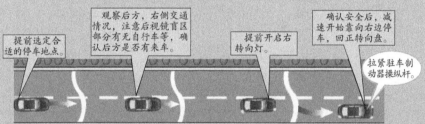 注意要点： 停车前后要注意观察四周交通情况，停车后熄火，关好车门
评判标准	（1）停车前，不通过内、外后视镜观察后方和右侧交通情况，并回头观察确认安全的，不合格； （2）考试员发出靠边停车指令后，未能在规定的距离内停车的，不合格； （3）停车后，车身超过道路右侧边缘线或者人行道边缘的，不合格； （4）需要下车的，在打开车门前不回头观察左后方交通情况的，不合格； （5）下车后不关闭车门的，不合格； （6）停车后，车身距离道路右侧边缘线或者人行道边缘超出50cm的，不合格； （7）停车后，车身距离道路右侧边缘线或者人行道边缘超出30cm，未超出50cm的，扣10分； （8）停车后，未拉紧驻车制动器的，扣10分； （9）拉紧驻车制动器前放松行车制动踏板的，扣10分； （10）在前后无干扰条件下停车后，再次挪动车辆的，每次扣10分； （11）下车前不将发动机熄火的，扣5分

"直行通过路口、路口左转弯、路口右转弯"规范化教学内容见表4-22。

"直行通过路口、路口左转弯、路口右转弯"规范化教学内容　　表4-22

教学目标	熟知路口合理观察交通状况知识；掌握减速或停车瞭望，直行通过路口的安全驾驶方法；熟知路口合理观察交通状况及视野盲区知识；掌握减速或停车瞭望，正确使用灯光信号，左、右转弯通过路口的安全驾驶方法
操作要求	合理观察路口交通情况，减速或停车瞭望，正确使用转向灯，根据车辆行驶方向驶入对应的导向车道，根据不同路口采取正确的操作方法，安全通过路口
操作方法	抬(松抬加速踏板)→摆(摆正车道)→踩(踩制动踏板减速)→看(观察)→转(转向)→换(换挡)→提(加速)→回(回方向)。直线通过路口，少一个"转向"步骤。 不要行驶到左侧车道上。 将车驶至中线转向。 不能超过中心线。 将车驶至边线转向。 靠边。　左转　右转　靠中。 注意要点： 克服急促心理，忙而不乱
评判标准	（1）不按规定减速或停车瞭望的，不合格； （2）不观察左、右方交通情况，转向通过路口时，未观察侧前方交通情况的，不合格； （3）不主动避让优先通行的车辆、行人、非机动车的，不合格； （4）遇有路口交通阻塞时进入路口，将车辆停在路口内等候的，不合格； （5）左转通过路口时，未靠路口中心点左侧转弯的，扣10分

"通过人行横道线、通过学校区域、通过公共汽车站"规范化教学内容见表4-23。

"通过人行横道线、通过学校区域、通过公共汽车站"规范化教学内容　　表4-23

教学目标	熟知在人行横道前观察两侧交通状况、提前减速、礼让行人知识，掌握安全通过的驾驶方法；熟知通过学校区域时要提前减速观察，文明礼让，避让学生和校车知识，掌握安全通过的驾驶方法；熟知通过公共汽车站提前减速，观察公共汽车进、出站动态和上下车乘客动态及预防行人横穿道路知识，掌握安全通过的驾驶方法
操作要求	减速，观察两侧交通情况，确认安全后，合理控制车速通过，遇行人通过时停车让行。提前减速至30km／h以下，观察道路情况，文明礼让，确保安全通过，遇有学生横过道路时应停车让行。提前减速，观察公共汽车进、出站动态和乘客上下车动态，着重注意同向公共汽车前方或对向公共汽车后方有无行人横穿道路

续上表

操作方法	通过人行横道训练，车辆接近人行横道线时，提前减速观察，随时准备停车礼让行人；通过学校区域训练，行至学校区域时，提前减速至30km/h以内，注意观察学生动态，随时准备避让横过道路的学生和儿童；通过公共汽车站训练，接近公共汽车站时，减速慢行，注意避让非机动车和行人，预防车站上下车乘客从车前、车后横穿道路。车辆行至学校附近或有注意儿童标志路段时一定要及时减速，注意观察道路两侧或周围的情况，时刻提防学生横穿道路；在上学或放学时段，随时准备停车避让横过道路的学生和儿童。 注意要点： 时刻注意可能随时出现在车辆前方的儿童、行人等
评判标准	（1）不按规定减速慢行的，不合格； （2）不观察左、右方交通情况的，不合格； （3）未停车礼让行人的，不合格

"会车"规范化教学内容见表4-24。

"会车"规范化教学内容　　　　表4-24

教学目标	熟知正确判断会车地点、会车时机及与对方车辆保持安全间距知识，掌握安全会车驾驶方法
操作要求	正确判断会车地点，会车有危险时，控制车速，提前避让，调整会车地点，会车时与对方车辆保持安全间距
操作方法	会车，留有足够的横向距离→避免危险"三点交会"；让车，在道路条件许可时→应及时减速、让道。 夜间遇对面来车没有关闭远光灯时，应减速或停车让行，不得高速行驶或开启远光灯对射。 注意要点： 保持车速，控制车辆间横向距离
评判标准	（1）在没有中心隔离设施或者中心线的道路上会车时，不减速靠右行驶，或未与其他车辆、行人、非机动车保持安全距离的，不合格； （2）会车困难时不让行的，不合格； （3）横向安全间距判断差，紧急转向避让对方来车的，不合格

"超车"规范化教学内容见表4-25。

"超车"规范化教学内容 表 4-25

教学目标	熟知超车前观察被超越车辆动态,合理选择超车时机,超车中保持与被超越车辆安全间距和超车后驶回原车道知识;掌握安全超车驾驶方法
操作要求	超车前,保持与被超越车辆的安全跟车距离。开启左转向灯,通过内、外后视镜观察后方和左侧交通情况,并回头观察确认安全后,选择合理时机,鸣喇叭或交替使用远近光灯,从被超越车辆的左侧超越。超车时,观察被超越车辆情况,保持横向安全距离。超越后,开启右转向灯,通过内、外后视镜观察后方和右侧交通情况,并回头观察确认不影响被超越车辆正常行驶的情况下,逐渐驶回原车道,关闭转向灯
操作方法	同向超车:超车前观察前后及左侧交通情况→确认安全→开启左转向灯发出超车信号→选择超车时机→保持安全距离→从左侧超越→超车后开启右转向灯→驶回原车道→关闭转向灯。 借道超车:发出超车信号→尾随待超→确认让车,且来车无碍→超车→发出驶回原车道信号→驶回原道车(不妨碍其他车辆)→关闭转向信号。 让超车:发现超车信号→具备让车条件→开启右转向灯→减速→靠右行驶。 注意要点: 超车中,遇突发情况要慎用紧急制动,应及时减速,然后尾随,待时机成熟再超车;超越停放车辆时,要注意它可能开门及其前方盲区情况,行驶中增大横向车距,鸣喇叭慢速通过
评判标准	(1)超车前,不通过内、外后视镜观察后方和左侧交通情况并回头观察确认安全的,不合格; (2)超车时机选择不合理,影响其他车辆正常行驶的,不合格; (3)超车时,未观察被超越车辆动态的,不合格; (4)超车时未与被超越车辆保持安全距离的,不合格; (5)超车后,驶回原车道前,不通过内、外后视镜观察后方和右侧交通情况并回头观察确认安全的,不合格; (6)在没有中心线或同方向只有一条行车道的道路上从右侧超车的,不合格; (7)超车时,未根据被超越车辆速度和道路限速选择合理行驶速度的,不合格; (8)当后车发出超车信号时,具备让车条件不减速靠右让行的,扣10分

"掉头"规范化教学内容见表4-26。

"掉头"规范化教学内容 表 4-26

教学目标	熟知掉头时降低车速、观察交通状况知识,掌握正确选择掉头地点和时机、安全掉头的驾驶方法
操作要求	开启左转向灯,观察前、后交通情况,选择合适的掉头地点,确认安全后减速或停车,在保证安全的条件下完成掉头。掉头时不妨碍其他车辆和行人的正常通行
操作方法	选择掉头地点→开启转向灯→减速或停车→前后观察→确认安全→操纵转向盘→完成掉头。 ①开启右转向灯降速观察,向右转动转向盘。 ②开左转向灯,向左转动转向盘,减速。 ③后方有情况需要停车时要停车,然后再起步操作,完成掉头。 ④将车身回正,关转向灯。 注意要点: 掉头过程中观察和转动转向盘同时进行,相互配合

续上表

评判标准	（1）不能正确观察交通情况选择掉头时机的，不合格； （2）掉头地点选择不当的，不合格； （3）掉头前未开启左转向灯的，不合格； （4）掉头时，妨碍正常行驶的其他车辆和行人通行的，扣10分

"夜间驾驶或模拟夜间灯光使用"规范化教学内容见表4-27。

"夜间驾驶或模拟夜间灯光使用"规范化教学内容　　　　　表4-27

教学目标	熟知夜间起步、会车、超车、通过急弯、通过坡路、通过拱桥、通过人行横道或者在没有交通信号灯控制的路口正确使用灯光知识，掌握夜间安全驾驶方法
操作要求	起步前开启前照灯。行驶中正确使用灯光，在无照明、照明不良的道路上使用远光灯；在照明良好的道路、会车、在有交通信号灯控制的路口转弯、近距离跟车等情况，使用近光灯；超车、通过急弯、坡路、拱桥、人行横道或者没有交通信号灯控制的路口时，应交替使用远近光灯示意。靠边停车后，应关闭前照灯，开启示廓灯、危险报警闪光灯
操作方法	起步：起步前开启近光灯，要确认安全后起步；在有路灯、照明良好的道路上，使用近光灯；在没有路灯或照明不良的道路上行驶，使用远光灯。 会车：没有路灯或照明不良的道路上会车，提前变换远近灯光，然后改用近光灯。在照明条件好的道路会车时，用近光灯。 跟车：使用近光灯，保持安全距离。 超车：提前开启左转向灯，向左变更车道，变换远近光灯。 通过交叉路口：进行远近光灯变换。 通过人行横道：交替使用远近光灯。 通过坡路、拱桥：交替使用远近光灯。 发生故障或事故：开启危险报警闪光灯、示廓灯、后位灯。 注意要点： （1）夜间行车要注意一只灯亮的机动车，防止由于灯坏，而发生撞车事故。 （2）对面远光灯照射看不清道路情况时，要降低车速或停车；雨天夜间驾驶，应注意路面反光，防止看不清道路情况
评判标准	（1）不能正确开启灯光的，不合格； （2）同方向近距离跟车行驶时，使用远光灯的，不合格； （3）通过急弯、坡路、拱桥、人行横道或者没有交通信号灯控制的路口时，不交替使用远近光灯示意的，不合格； （4）会车时不按规定使用近光灯的，不合格； （5）通过路口时使用远光灯的，不合格； （6）超车时未交替使用远近光灯提醒被超越车辆的，不合格； （7）在有路灯、照明良好的道路上行驶时，使用远光灯的，不合格； （8）在路边临时停车不关闭前照灯或不开启示廓灯的，不合格； （9）进入无照明、照明不良的道路行驶时不使用远光灯的，扣5分

"恶劣条件下的驾驶"规范化教学内容见表4-28。

"恶劣条件下的驾驶"规范化教学内容　　　　　表4-28

教学目标	熟知雨天、雾(霾)天、冰雪路面、泥泞道路、涉水等恶劣条件下的安全驾驶要领和方法
操作要求	合理使用灯光，控制车速，保证安全，可采用驾驶模拟设备教学

续上表

操作方法	（1）雨天行驶：合理控制速度，发生车辆（横）侧滑时，不可急转方向或紧急制动，应松抬加速踏板，利用发动机牵阻作用减速。 （2）雾霾天行驶：开启雾灯、示廓灯，必要时开启近光灯，多使用喇叭，控制速度，保持安全距离。 （3）冰雪路驾驶：低速行驶，转向盘不可急打急回，发生侧滑时适当向后轮侧滑一侧打方向，以调整车身。 （4）泥泞道路行驶：低速匀速行驶，尽量少用制动器，匀速缓慢通过，发生侧滑时，松抬加速踏板，将转向盘向后轮侧滑一侧适当缓转修正方向。 （5）涉水驾驶：了解水深、水流、水底情况，车速均匀有足够动力"一气"通过涉水路段。 可进行模拟练习

"山区道路驾驶"规范化教学内容见表4-29。

"山区道路驾驶"规范化教学内容　　　　表4-29

教学目标	熟知山区道路的安全驾驶要领和方法
操作要求	合理控制车速，安全跟车、会车，可采用驾驶模拟设备教学
操作方法	（1）坡道行驶：上坡前提前换入中低速挡，保持足够动力，驶上坡顶，下坡行驶减挡减速，利用发动机制动，不得空挡滑行；转弯行驶：减速、鸣喇叭、靠右行。 （2）跟车行驶：保持纵向安全距离，前车突然放慢速度时，采用间歇缓踏制动踏板辅以驻车制动的方法减速。 （3）会车：选择安全地点，在靠山体一侧会车，确保安全，缓缓通过。 可进行模拟练习

"高速公路驾驶"规范化教学内容见表4-30。

"高速公路驾驶"规范化教学内容　　　　表4-30

教学目标	熟知高速公路的安全驾驶要领和方法
操作要求	安全驶入、行车、停车、驶离高速公路，可采用驾驶模拟设备教学
操作方法	（1）通过收费处后，注意观察指路标志，选择驶入的匝道。 （2）在高速公路上通行时，严格遵守最高时速和最低时速规定。在有限速标志的路段，及时将车速控制到限速以内。 （3）必须停车时，停车后，立即开启危险报警闪光灯，在车后方150m以外设置警告标志。 （4）行驶到出口预告标志后，左侧车道行驶的车辆，要逐渐变道至最右侧行车道。 可进行模拟练习

第五章 安全文明驾驶意识的培养

车辆在行驶过程中，会遇到各种交通风险。如果驾驶员安全意识淡薄，无法预先辨识各种危险情境并采取应对措施，就可能引发道路交通事故。教练员应重视培养学员的安全意识、文明意识，让学员了解安全驾驶的影响因素、交通风险与安全驾驶方法。

第一节 安全文明意识教育

一 强化安全驾驶知识传授

传授安全行车知识和安全驾驶方法，培养学员安全驾驶理念，是教练员教学工作的核心内容。教练员的驾驶态度和理念，直接影响学员的驾驶行为。教练员正确的驾驶态度、安全教学意识、安全驾驶理念，是培养安全文明驾驶学员的土壤。教练员在驾驶教学中，要正确认识教学过程中影响教学安全的因素，始终坚持安全教学理念，规范驾驶教学行为，运用预见性驾驶教学方法，让学员养成良好的安全驾驶习惯，安全独立地驾驶准驾车型。

1 教练员的安全意识和理念

教练员的安全意识包含安全知识和安全体验，具有主观能动性，对教学活动有着调节作用。安全意识是安全教学的灵魂，教练员把安全意识贯穿到教学中，以达到培养学员安全意识的目的，这是确保安全教学的关键。

教练员的安全意识，是在教学过程中对可能造成自身、学员和他人伤害的意外情况或事故所保持的一种戒备和警觉的心理状态。教练员的安全意识对教学安全、学员的安全意识及安全驾驶行为具有决定性作用，而对不安全行为具有抑制作用。教练员安全意识的高低，取决于教练员出行和教学时的安全需要及对教学中对危险因素的认识能力。安全需要过低就会漠视生命，危险认识能力不足往往表现为冒险蛮干而忽视危险的存在。

教练员具有较强的安全意识，既是对自己的安全负责，也是对学员和社会负责。对自己负责不仅满足保障自身安全的需求，更重要的是要将安全意识通过教学，灌输给学员。缺乏安全意识的驾驶员更易发生事故，而这类驾驶员往往是由于在学习期间受教练员的影响，没有养成尊重生命的理念和安全驾驶的习惯。学员学习期间，教练员的安全意识，会直接影响学员的驾驶道德、风格、理念和驾驶行为习惯。

安全驾驶教学主要体现在遵纪守法、珍爱生命、安全驾驶、文明行车、减少事故、确保行车安全等方面。安全驾驶理念的核心是安全责任意识，主要包括社会责任意识和遵章守法意识。安全责任意识是教练员的精神灵魂，教练员既要对自己的安全负责，又要对学员的安全和社会的公共安全负责，让自己的安全意识、思想能够融入学员学习当中去。对学员负责、对未来的道路交通参与者负责，是教练员精神境界的具体表现。

教练员要有合理的知识结构和丰富的专业知识储备，并且能够随着道路交通安全法律法规、车辆技术和现代化教学手段等知识的不断更新，自觉加强业务学习，巩固专业知识。在驾驶培训过程中，教练员要注意培养学员的安全驾驶理念，不仅要教学员怎么做，更重要的是让学员明白为什么这样做，做到晓之以理，才有利于学员理解和掌握。教练员应教育学员学会"安全驾驶是一生的追求，避免交通事故是终生的努力"。

2 安全与谨慎驾驶教学

安全与谨慎驾驶教学是培养学员安全驾驶行为的基础，普及安全行车知识是学员遵章守法、安全行车的重要前提。教练员在教学中，要让学员掌握必要的安全行车知识，不仅让学员明白为什么要这样做，而且让学员知道如果不这样做会有哪些潜在的安全隐患，才能使学员在处理道路交通情况中具备独立分析问题和解决问题的能力。

集中注意力教学，要培养学员在各种交通情况和外界干扰条件下，始终集中注意力观察车辆周边交通情况的能力。教学中教练员不仅要向学员强调集中注意力对安全驾驶的重要性，而且要让学员认识到行车过程时刻伴随着各种危险的存在，瞬间的粗心大意和疏忽，都可能酿成交通事故。此外，还要教会学员在不同交通环境中正确地评价自己的驾驶能力和采取必要的预防措施，经常保持对周边情况的观察，即使在比较熟悉的路段也要高度集中注意力，根据自己的承受能力，确定驾驶时间和行驶速度。

仔细观察教学，要注意培养学员集中注意力对周边道路交通情况的观察能力，教会学员如何从最佳视角观察道路情况，合理分配和转移注意力，及时发现道路上的障碍和危险。教学中，教练员要提醒学员经常观察后视镜，利用后视镜观察交通情况，必要时可通过转头的方式进行观察；对于车内无法看到的盲区，要下车进行观察，确认安全；在交叉路口左转弯时，不仅要观察交通信号灯、交通标志标线，更重要的是要观察左后方、左前方、右前方的道路情况；在有人行横道的路口要注意观察行人的动态，做好停车让行准备。

提前预防教学，主要是培养学员及时预测潜在的危险，提前作出正确应对措施的能力。要求学员能够观察和正确判断潜在的危险，对可能出现的危险及时作出正确的反应，采取预见性驾驶。教学中教练员向学员强调观察危险是预见性驾驶的前提，发现危险并采取恰当措施是预见性驾驶的最终目的，任何时候行车都要考虑危险的存在，侥幸心理、麻痹大意和盲目驾驶都是发生事故的重要诱因。

3 预见性驾驶方法教学

交通事故多是因为驾驶员对危险的认识不够，或者已经认识到了危险，但在判断时有失误而造成错误地预测危险。作出正确判断，是安全驾驶的一个很重要的方面。能意识到潜在危险的驾驶叫防范驾驶，存有侥幸心理的驾驶叫主观驾驶。防范驾驶能避免很多事故的发生，主观驾驶则容易发生事故。教练员在教学中，要培养学员的危险意识，让学员明确驾驶机动车是一种危险的行为，稍不谨慎，就会危及自己和他人的生命，造成车毁人亡的交通事故。

培养学员的防范驾驶意识，是防止交通事故发生的一个必不可少的教学要点。防范就是要提前做好对意外情况的预判，把一些可能发生的情况都充分估计到，采取安全的防范措施。例如，在城市街道行车，没看见行人，就认为没有行人，不减速行驶是很危险的。没看见不一定是不存在，要意识到车辆、障碍物的后面有可能会突然跑出行人。通过交叉路口时一定要减速，即便是在绿灯亮的情况下，也要做好有人或车辆违法闯入路口的准备。前方停有一辆公交车，就要预测到有可能会有行人从公交车前面走出。

提示学员注意观察死角、视线盲区，预测可能存在的危险，是驾驶教学的重要环节，也是在教学过程中容易被忽视的内容。教练员要让学员学会判断在实际的道路上经常会遇到一些观察死角，要严格按照"没看见不一定不存在"来判断死角可能会出现什么样的危险。例如，两侧都停车时，两侧都形成死角，必须对两侧都进行观察。因为儿童个子矮，即便是轿车这样不高的车辆也容易形成死角，加之儿童步行速度慢，死角存在时间会延长。交叉路口处有很多的死角，并且有很多重要的信息，驾驶员有必要对其进行正确的判断，若只注意到了从左边过来的车辆，却未发现从右边过来的摩托车，则很可能为时已晚。在同一转弯处，是否存在障碍物，死角的范围不同。一般情况下，在转弯处死角的范围较大，若存在有障碍物的话，在同一个转弯处，死角的范围就会更大。

侥幸心理是发生交通事故的重要诱因，学员在技术不过硬、经验还不足时，常带着一种紧张的、怕出事故的心情来驾驶，时刻担心自己的行为会造成危险，表现得小心翼翼，而一旦自己认为技术熟练了，驾驶行为会在不知不觉中转变为主观驾驶。能熟练驾驶，既有积极的一面，又有消极的一面。积极的一面是可以根据经验很容易地预知危险；消极的一面是容易变成主观驾驶，从而犯一些基本的操作失误。在教学中，教练员始终要强调侥幸心理的危害，可以举一些现实的交通事故案例教育学员，预防学员的"主观驾驶"行为。

二 注重文明礼让驾驶习惯的养成

"文明是一种意识，礼让是一种行动"。培养安全文明的高素质驾驶员，是夯实道路交通安全基础的重要保障，是提升人民群众生活品质的重要方面。学员文明礼让驾驶习惯的养成，要从第一天学习驾驶开始。教练员要从日常的点滴出发，将安全文明礼让的教育贯穿于教学全过程，注重增强学员遵守优先通行与安全礼让的道德意识；培养学员尊重行人、敬畏生命、遵循公共道德；强化学员文明驾驶知识的学习；教育学员在驾驶机动车通过人行横道、学校区域、公共汽车站等人群聚集区和遇到卫生急救、消防救灾等特种车辆时主动礼让；努力培养安全文明、高素质的驾驶员。

1 文明驾驶

文明标志着社会的发展和进步，是有益于他人和社会的行为，是人们在社会公共生活中符合社会公德的行为。文明驾驶汽车体现在每一个驾驶员的日常行车中，文明行车、规范驾驶，是每个驾驶员的自觉行为准则。积极营造文明有序的行车环境，要从文明驾驶开始。教练员要注意培养学员的道德修养，使学员养成良好的文明行车习惯；鼓励学员之间要互相学习、互相帮助，取长补短；告诉学员对善意提醒要虚心学习，认真听取，在一些细小的做法上都要注意良好行为习惯的养成。

文明驾驶的核心是珍爱生命。交通事故不仅会给受害者带来伤害，而且也会给受害者的家人带来很大的不幸。教练员要把文明驾驶、敬畏生命的理念贯穿整个教学过程，教育学员尊重自己和他人的生命，文明驾驶、安全行车，遇到占道抢行、强行超车等不文明的行为，要保持良好、冷静的心态，谨慎处理，礼让行车，时刻牢记安全第一，生命高于一切。

教练员在驾驶教学中，要对学员进行安全驾驶习惯的养成教育，培养学员安全驾驶、文明行车，养成不开英雄车、冒险车、赌气车和带病车的良好驾驶习惯。让学员能够正确评价自己的驾驶能力，牢记谨慎驾驶的三条黄金原则，做到安全行车，文明礼让。

2 礼让行车

"礼让"是一种积极的生活态度，包含了一个人对他人、对社会的智慧与美德，是传统道德中既重要而又广为人知的道德规范。"礼让"作为公共交通最基本的道德规范，在文明交通中具有重要意义。道路交通法规为保障所有人能安全顺畅地通行而制定了尽可能小限度的限制，但实际驾驶时还会出现许多仅靠交通法规而无法解决的问题。解决这些问题的关键就是要相互关心和互相礼让。

礼让行人是以人为本、珍爱生命理念的具体体现，也是对弱势交通群体的尊重。这种礼让是基于现代人类文明的一种理念：相对于驾车者，行人处于弱势地位；强弱相遇，则强势一方有责任让渡一部分权利给弱势一方，从而让对方取得优先的权利。教练员在教学过程中，要注意培养学员礼让行人的意识，不仅在人行横道线前礼让行人，在任何情况下驾驶机动车与人相遇，都要礼貌减速，甚至停车让行人安全通过。霸道逞强，强行开"霸王车"，逼迫行人让路，是缺乏守法意识和公德的表现。当人车和谐，人行横道真正成为行人的安全通道时，交通秩序一定会大为改观，交通事故一定会大幅度减少，社会一定会更加文明和谐。教练员在进行通过交叉路口的教学中，要强调平面交叉路口是机动车、行人和自行车等各种交通参与者相互交织的路段，容易形成交通冲突，引发交通事故。安全驾驶、礼让行车，杜绝违法行为和不文明行为，能有效地缓解路口压力、避免路口交通冲突、减少交通事故。要培养学员路口文明礼让的意识，注意观察路口的交通动态，不仅要礼让遵章守法的行人和车辆，更要注意对那些在路口不文明、不守法的行人和车辆的避让。强调路权，与行人争道抢行，都是不道德的驾驶行为，也是非常危险的。表5-1为几种在平面交叉路口发生冲突情形时的礼让方法。

几种在平面交叉路口发生冲突情形时的礼让方法　　　　表5-1

驾驶行为	冲突情形	礼让方法
直行通过路口	与左右侧闯红（黄）灯的直行车辆和行人发生冲突	通过路口前，要减速观察，必要时停车让行，不要贸然加速通过；绿灯亮时，也要预防有违法车辆和行人冲出路口
路口左转弯	与对向驶来的右转弯车辆发生冲突	减速慢行，看到对面车辆抢行右转弯时，要保持平和的心态，让右转弯的车辆先行
路口右转弯	与左侧道路直行车辆和右侧行人或自行车发生冲突	减速或停车观察左侧道路情况和右侧行人、自行车动态，让左侧直行车辆和右侧行人或自行车先行
通过人行横道	与横过路口的行人或自行车发生冲突	遇行人通过人行横道时，要减速或停车避让，不得与行人抢行或加速从行人前、后方绕过；遇到老年人和儿童，不能鸣喇叭催促
路口掉头	与对向驶来的直行或转弯车辆发生冲突	注意观察对向车辆的动态，看到对向车辆直行或左转时，要及时停车等待，不得抢行掉头
驶入高速公路行车道	与高速公路行车道内正常行驶的车辆发生冲突	在加速车道将车速提高到60km/h以上，在不妨碍高速公路车道上行驶车辆正常通行的情况下驶入行车道

　　教练员在进行教学时，要注意对学员驾驶礼让行为的培养，强调违法驾驶和侵犯性驾驶行为往往会引起交通冲突。当驾驶员遇到其他驾驶员违法驾驶或不良行为侵害时，如果以自我为中心的行动意识变强，则容易失去自制力，往往会产生着急、焦虑、愤怒、随众等心理，开斗气车、赌气车，这些心理状态都是很危险的，容易引发交通事故。要注意培养学员的文明礼让意识，行车中要经常保持冷静的好心态，当觉察到处于一种心理不安状态时，为了使心情恢复到平静，可试着用第三者冷静的眼光来观察自己的心情，是否有焦虑、强行驾驶、兴奋的表现。强调路权，对驾驶侵犯者进行报复或争道抢行，不仅不能解决问题，反而会导致冲突升级，甚至引发交通事故。切记：忍一忍心平气和，让一让道路畅通。表5-2为几种典型驾驶行为发生冲突时的礼让方法。

几种典型驾驶行为发生冲突时的礼让方法　　　　表5-2

驾驶行为	危险情形	礼让方法
在交通拥堵路段行驶	与突然强行加塞的车辆发生冲突	保持平和的心态，注意避让，不开斗气车、赌气车，更不要故意不让或采取危险的报复动作
经过停有公交车的车站	与公交车前突然跑出的行人或起步后突然向左转弯的公交车发生冲突	提前减速，与公交车保持足够的横向安全间距，注意观察周边的动态；预测到危险时，要及时停车礼让，不得加速或持续鸣喇叭强行通过
路侧有玩耍的儿童	与玩耍的儿童发生冲突	提前降低车速，与儿童保持较大的横向安全间距，注意观察其动态，不要连续鸣喇叭提示
遇前方车辆突然掉头	与掉头的车辆发生冲突	注意减速或者停车避让，对违法掉头车辆，要提防其突然制动或改变行驶路线，不要连续鸣喇叭催促或抢行
后车近距离跟行且不鸣喇叭或变换灯光	与后方跟行车辆发生冲突	可换位思考，后车很可能时间紧迫或有紧急需要，及时减速靠右让行或通过手势示意其先行，不要斗气不让路
遇前车占道慢行	与前方慢行的车辆发生冲突	可换位思考，前车驾驶员可能是新手，或不熟悉地形在寻找路口，要保持安全距离跟行，不要强行从两侧超越
遇对向来车占道行驶	与占道行驶的对向来车发生冲突	提前减速或停车，可鸣喇叭或变换灯光提示对方，密切观察对向来车的动态情况，不可盲目向左或向右避让

续上表

驾驶行为	危险情形	礼让方法
遇对向来车占道强行超车	与占道强行超车的对向来车发生冲突	为了安全,可采用减速后停车的方法,尽可能让出车道让对方来车先行
障碍物路段会车	与障碍物对面的来车发生冲突	减速慢行,观察对向来车意图,可适当鸣喇叭或变换灯光提示;发现对方车辆抢行超越障碍物时,减速或停车让行
夜间会车	与不变换近光灯的对向来车发生冲突	变换远、近光灯提示对方,对方仍使用远光灯时,要及时减速或靠边停车避让,不要使用远光灯对射

第二节 交通安全风险与事故预防教育

一 重视驾驶危险性的教育

合格的驾驶员,不仅要有熟练的驾驶技术,更重要的是要具备防范危险的意识。技能培养固然重要,但是不具备防范危险意识的驾驶员,即使技术再高,也会经常发生交通事故。因此,教练员要重视驾驶危险性教育,强化在道路上行驶、通过路口处、特殊路段和气象条件行车等情况下存在的危险教学,培养学员安全驾驶行为的责任感,正确认识驾驶的危险性,正确评价自己的驾驶能力,严格遵章守法,理智驾驶机动车,这对防止道路交通事故的发生是十分必要的。

1 危险性教育的必要性

教练员在教学过程中重视驾驶危险性教育,对学员的安全意识培养十分重要。道路上的交通情况瞬息万变,危险随时都会出现,事故瞬间可能发生,复杂的道路交通情况,随时都会出现意想不到的险情。只要具备一定的防范风险意识,应急措施到位,就会避免危险和事故的发生。教练员要让学员知道驾驶机动车时刻都面临着危险,任何一点疏忽,都会威胁交通参与者生命财产安全,损害公众的利益,给社会带来危害。

机动车是移动的危险源,驾驶机动车是具有高风险的社会行为,是对周围环境有高度危险的作业。驾驶员生理心理不适应、违法驾驶行为和不文明驾驶行为,都是导致驾驶危险的主要因素。教练员在教学中,要帮助学员分析自身容易出现的危险行为,充分认识驾驶危险性的社会危害,及时纠正学员的不良驾驶行为,培养遵章守法、安全文明驾驶的习惯,规避因违法驾驶行为或驾驶错误导致的交通事故。

教练员培养学员防范危险的意识,就要培养学员遵章守法、安全文明行车的理念,并将其贯穿教学过程始终,让学员认识到在享受机动化带来舒适、便捷的同时,危险也随之降临。交通事故严重影响着人们的正常生活和出行,因此,教练员应教育学员不能漠视生命,牢记生命无价,树立高度的社会责任感,将安全驾驶和安全礼让有机结合,使学员能够充分理解和体谅其他交通参与者的行为,本着对自己和他人生命尊重和珍爱的原则,自觉遵守道路通行原则,采取预见性驾驶方式,文明行车,确保行车的安全。

2 在道路上行驶存在的危险

道路上明显存在的危险,一般通过观察可以直接发现,这种观察来自交通信号的提示和直接能够看到的障碍或危险行为。道路上设置的警告、禁令、指示交通信号,主要是告诉交通参与者前方路段有危险。路边的障碍物、路中遗撒物、横过道路的行人、路边玩耍的儿童、停在路中的车辆、路边行走的动物、明显违法行驶的车辆等，构成能够提前看到的动态危险。遇到这类明显的危险，只要提前注意防范，就会化险为夷。

道路上潜在的危险，是引发道路交通事故的罪魁祸首。往往有些已发现的或者尚未发现的情况似乎没有危险，实际却存在着致命的潜在危险。在车辆行人各行其道、车辆行人少、视线好、没有明显路口和急弯等有条件提高车速的环境下，看似没有危险，往往容易使驾驶员放松警惕，忽视危险的存在，一旦遇到行人、机动车、非机动车、动物等突然出现或违法通行，很容易造成恶性事故。行车中遇到情况比较好的路段，不要放松对危险的提防，应集中注意力，谨慎驾驶，这种潜在的危险有很多线索是可以提前发现的。

3 通过路口处存在的危险

有交通信号灯控制的路口，驾驶员往往都认为是最安全的，但实际仍存在潜在危险，并且造成了大量交通事故。不遵守交通信号灯规则的车辆和行人会破坏正常的通行秩序，给通行造成危险。有很多车辆驾驶员和行人不知道信号灯的作用，不去观察信号灯的变化，随意进入路口，有的甚至抢黄灯、闯红灯，构成了路口的危险。如果按照绿灯通行权加速通过，一旦有车或人闯入必然会引发交通事故。通过这种路口时，即便是有优先通行权，也不能大意，要减速慢行，注意观察，防范潜在的危险。

绿灯亮时的路口，周围有很多观察不到的区域，这是危险汇聚的地方。遇其他车辆遮挡视线，驾驶员的视野将会变得更加狭窄。直行与对向左转弯的车辆会形成交叉点；直行遇右侧右转弯的车辆会遮挡视线；

两侧有大型车辆遮挡视线的区域出现其他车辆或行人，极易引发交通事故；转弯时，减速慢行，注意观察个别行人、非机动车可能因闯红灯或斜穿路口阻断通行路线，造成险情。因此，在绿灯亮的路口通行时，也要注意防范各种危险。

交叉路口交织点多，属于危险区域。在没有信号灯的路口，危险往往会随时出现。尤其在通行权不明确的路口，车辆、行人会随意通过，互不礼让，危险因素多，交通事故发生率高。简单地判断或盲目地通过路口，都会因不同方向车辆、行人的违法行为而引发事故。在没有信号灯的路口，即便处在优先通行的位置，也要考虑到其他交通参与者可能会抢行通过，应注意观察，减速慢行，注意防范其他车辆违法和出错带来的危险。

环岛的出口与入口处，由于车辆无规律地变道，会出现交通混乱，构成危险。最内侧车道的车辆驶出环岛时，会对处在右侧第二或第三车道的车辆构成威胁。同一车道的前车驶出时减速过急，也会对后车构成严重威胁。如果出现一辆随意变道的车辆，就会雪上加霜，危险接连不断。进入环岛，要注意驶入车辆占道构成的危险；驶出环岛，要注意驶出车辆占道构成的危险。

4 特殊路段和气象条件行车存在的危险

驾驶车辆通过人车稠密路段、下长坡路段、浓雾路段或雨、雪、潮湿、泥泞、结冰等路段时，危险随时存在。在人车稠密的路段，人、车动态随时可能变化，危险也会随时出现。下长坡长时间使用行车制动，制动器就会因为剧烈摩擦而温度升高，从而使制动效果急剧下降，严重时会使制动失效。在雨、雪、潮湿、泥泞、结冰等路段，急减速、急制动、急转向都会发生侧滑，造成车辆失控。冬季雨雪后，阳光照射到的地方是干燥路面，而阳光照射不到的局部路段仍是潮湿、泥泞、有雪甚至结冰的危险路段。特殊路段和气象条件下行车，要格外谨慎小心，提前采取防范危险的措施，避免出现驾驶错误。

二 突出危险源的分析和预测

道路上的危险源，往往最容易出现险情，是直接引起人员伤亡、财产损失或环境破坏的根本原因，是导致交通事故发生的主体，并决定事故后果的严重程度。驾驶培训过程中，教练员要根据培训教学要求，强化学员掌握必要的分析和预测危险源与险情的知识，帮助学员学会分析和预测典型危险源与险情，正确地辨识危险源，对道路状况、交通情况和周围环境进行主动观察，有预见性地进行分析和判断，对前方潜在的各种交通风险作出预先估计，并及时采取相应的预防措施。能有效规避危险，减少由于操作错误或失误而导致的事故，是安全驾驶的重要因素。

1 跟车行驶危险源分析

车辆追尾事故是发生较多的交通事故类型之一，主要原因就是前后车辆之间的距离太近，后车行驶速度过快。

跟车行驶时，前车对于后车就是一个危险源，前车的行驶速度、行驶方向随时都会发生变化，驾驶机动车时要预见到前车随时都会减速、制动或者紧急制动。如果跟车距离过近、车速过快或者前车制灯亮时后车来不及采取应急措施，必然会发生追尾事故。

对于行驶中的前车，后方跟随的车辆也是一个危险源，尤其是跟行在大型车后方的小型车辆，更不容易被发现，危险性更大。遇车流行驶缓慢、天气或路况较差，特别是在能见度低或前方路面很难判断时，后车一般会紧紧跟随前方车辆行驶，前车驾驶员应时刻保持警惕，避免发生事故。

2 会车危险源分析

车辆会车过程中，道路交通情况随时都会发生变化。对向车辆的车型、车速、装载和行驶状况，会车地点的障碍物，对向车辆后方的行人、车辆、牲畜以及窄桥、坡道、隧道、涵洞、急转弯等路面情况，都会对会车构成危险。侵占对向车辆行驶路线，会使会车横向距离变小，容易发生剐蹭事故，因此一些不正确选择行车路线、违法占据对向车道行驶的现象，是造成道路拥堵、引发交通事故的重要原因。不注意观察对向车辆的动态，对车后的情况没有预防，或在不具备会车条件的路段强行会车，都会引发交通事故。

3 超车危险源分析

超车是一种危险的驾驶行为，每超越一辆正常行驶的机动车，就会面临一次发生交通事故的危险。被超越的车辆和将要进入超车道的车辆都存在着安全隐患。超车过程中，被超车辆突然变道、超车使用的车道有障碍、对面有车辆驶来，都会非常危险，甚至引发交通事故。

4 变更车道危险源分析

驾驶车辆超车、通过路口、绕过障碍、转弯、靠路边停车时，都需要变更车道。行驶的车辆、路口、障碍、弯道、行车道上的突发情况等对于变更车道的车辆都是危险源，不同的情况所面临的危险源不同。变更车道时，不观察车辆两侧和后方道路交通情况，不开启转向灯，随意频繁变更车道或强行突然变道，连续侵占正常通行车辆的行驶路线，会形成来自各个方向的危险，严重扰乱道路通行秩序，是导致道路拥堵和剐蹭、碰撞事故的主要原因。

5 转弯危险源分析

车辆转弯时，弯道、路面障碍、车辆、行人、路边树木等都会对行车构成危险。大型车辆和汽车列车的车身较长，转弯时往往会占用较大的空间，如果转弯前不提前降低车速，选择好行驶路线，仔细观察道路及周边的情况，就有可能撞到其他车辆、行人或者剐蹭路侧的树木、电线杆等。转弯行驶车速太高，轮胎失去附着力，车辆会发生侧滑，直接滑出路面。重心高的车辆，轮胎虽然有附着力，也会因离心力的作用发生侧翻。

6 停车危险源分析

停车位置的选择、路边的低空障碍物、非机动车和行人、路边路基的情况，都是影响安全的危险因素。停车位置选择错误，停车没有考虑路边低空障碍物，停车时对路边的行人动态判断错误，雨天在路边松软路基上停车，都会发生危险甚至引发事故。

7 倒车危险源分析

倒车与前进相比，看不见的部分（死角）非常多，操作难度大。车辆周围的情况在驾驶室内无法看到，车后的情况随时都会变化，车辆死角里停放的车辆、伏在车底下的动物、在车周围通行的行人、玩耍的儿童，都会让驾驶员防不胜防，如果观察不到，就会面临危险。倒车过程中车辆周围同样也会面临着情况的变化，突然进入驾驶员死角的机动车、非机动车和行人，都会对倒车安全构成威胁。

8 掉头危险源分析

驾驶车辆掉头有多种情况，每次掉头都会面临各种不安全的因素。在交叉路口、各种道路都会有由于某种原因需要掉头行驶的情况。在掉头过程中，路口交叉通行的车辆和行人，道路上的各种车辆、行人和障碍，拥堵路段相继掉头的车辆等，都会给掉头带来危险。不观察道路情况，不注意避让其他车辆和行人，盲目掉头，都可能引发事故。

9 交叉路口危险源分析

道路交叉路口处，车辆和行人交织在一起，是危险因素最多的地方，也是交通阻塞和交通事故多发地段。在交叉路口抢黄灯或闯红灯的车辆和行人，右转不让行人、左转弯占用直行道的车辆，加塞、抢行的车辆等，都是引发交通事故的危险源。

10 通过铁路道口危险源分析

铁路道口是比较特殊的平面交叉路口，

路面不平整，机动车、行人及非机动车等混行，构成了铁路道口的交通危险源。驾驶员在通过铁路道口时不注意观察，盲目抢越铁路线或与列车抢行，是造成铁路道口事故多发的重要因素。

11 山区道路危险源分析

山区道路依山傍崖，环山修建，道路条件相对较差。上下坡路段、陡坡路段、限速路段、易滑路段、事故多发路段、横风路段、施工路段、不平路段、落石路段、傍山险路、急转弯道、隧道、窄路、窄弯、桥涵、交叉路口、穿行的村庄均会形成路面的危险源。停在路边的车辆、行人、非机动车、牲畜、路中障碍物、路边的故障车、事故现场、违法占道的车辆、违法超车的车辆、长时间轧中心线的车辆、超速行驶的车辆等形成了动态的危险源。雨天道路、冰雪路面、雾天等形成了环境危险源。

12 乡村道路行车危险源分析

乡村道路等级相对较低，养护条件差，道路交通情况复杂，道路交通参与者普遍缺乏安全意识和交通安全常识，占道摆摊、晒粮、放牧牲畜非常普遍，尤其遇到农村集市，摊位占道，人员拥挤，交通环境恶劣，雨天容易出现泥泞坑洼、路基松软等情况，增加了行车风险。

13 城乡接合部危险源分析

城乡接合部是道路交通管理比较薄弱的地方，此处各种交通工具汇聚，汽车、行人、自行车、电动自行车、摩托车、电动三四轮车等更加密集，交通情况非常复杂；交通参与者安全意识较弱，不遵守规定的车辆、行人较多；加之道路上岔路口多，交通安全设施不够完善，临时市场占道经营也比较普遍，危险因素复杂且没有规律，这些都大大增加了行车风险。

14 桥梁危险源分析

道路上的桥梁种类很多，窄桥、简易桥、危桥、单行桥等条件差的桥梁，危险性较大。上、下桥时，桥上横风、机动车、行人、非机动车、牲畜等交织在一起混合通行形成了动态的危险源。雨天、雪天、雾天等恶劣条件下，桥面湿滑等则形成了环境危险源。

15 隧道危险源分析

隧道内见不到阳光，通风条件不良，常年处于潮湿状态，汽车排放的尾气和车辆淋水装置遗留的污水，使隧道内存在很多行车安全隐患和事故陷阱。水和油污造成的道路湿滑，驾驶机动车在进入、驶出隧道时眼睛的暗适应和明适应，隧道口的横风及驾驶员隧道行车知识匮乏、安全意识淡薄、法律观念不强等，都是引发隧道交通事故的危险源。

16 高速公路危险源分析

高速公路上车速较快，路面情况单一，路面状态、车辆动态、环境条件等都在不断地变化，存在着各种各样的危险因素。高速公路的限速路段、易滑路段、事故多发路段、弯道、横风路段、上长坡路段、下长坡路段、施工路段、立交桥、跨江大桥、隧道、匝道口、收费站等形成路面的危险源。高速公路上违法停在路边的车辆，横穿的动物、行人和非机动车，破碎的轮胎，掉在路中的货物，事故现场，违法占道的车辆，违法变道的车辆，长时间轧车行道分界线行驶的车辆，停靠在紧急停车带或者路肩的车辆，停在行车道的车辆，违法超速行驶的车辆，在高速路段低速行驶的车辆等形成了动态的危险源。雨天道路、冰雪路面、雾天道路通过高速公路等形成恶劣环境危险源。

17 雾天行车危险源分析

雾天，能见度低，视野变窄，视线模糊，不易发现对面来车和路面障碍，跟车行驶不能准确判断距离。浓雾天气会使看到的物体变形，根本无法预见危险，雾天是行车最危险的恶劣气候。雾天行车，对车速和跟车距离的判断会出现偏差，容易发生追尾事故。另外，由于看不清路面标线，车辆很可能骑轧道路中心线行驶,而与对面来车迎面相撞。

18 雨天行车危险源分析

雨天路面湿滑,视线受阻,路面附着力减小,制动距离增大,高速行驶容易出现"水滑"现象,使用行车制动器紧急制动容易导致车辆失控,发生横滑或侧滑。雨天行车,风窗玻璃容易形成水雾影响视线;暴雨后,低洼区域或者道路排水系统不畅的路面容易形成积水,给车辆通行带来危险。连续降雨天气,可能会出现路肩松软和堤坡坍塌现象,车辆在上面行驶会出现路面下沉的危险。雨天忙乱躲避的行人和骑车人,也是非常危险的因素。

19 雪天行车危险源分析

雪天道路易结冰,路面溜滑,附着力大大降低,制动性能极差,制动距离延长,车辆的稳定性降低,方向易跑偏。积雪对光线的反射,易造成眩目而使驾驶员产生错觉。加速过急,车轮易空转或溜滑。制动减速或转向过急,易发生侧滑、甩尾或转向失控。积雪覆盖的路面,道路的轮廓难以辨别,车辆容易驶出路面发生危险。路上通行的行人和非机动车稳定性差,容易发生因失控而摔倒的危险。

20 高温天气行车危险源分析

高温炎热天气,路面的沥青会软化变黏,轮胎的附着力下降,车辆有发生侧滑的危险。发动机温度上升或冷却液沸腾,胎温、胎压过高,均会影响行车安全。电路、油路等出现线路软化、短路、漏油等情况,容易引起车辆自燃。另外,在高温天气,驾驶员容易出现烦躁情绪,疲劳驾驶。清晨和傍晚外出散步和纳凉的行人,也是构成危险源的因素之一。

三 加强风险与事故预防教学

驾驶机动车具有一定的风险性,道路上通行的行人、车辆及各种道路交通环境中都存在着各种风险,威胁着行车安全。教练员要注重驾驶风险教学,让学员掌握驾驶风险与事故预防知识,了解交通参与者的行为特性和风险因素,增强对安全操作的理解,提高对驾驶相关风险的认识,培养安全驾驶的意识及能力,有效避免潜在的事故风险。

1 行人的风险与事故预防

在驾驶培训教学中,教练员要向学员重点介绍各种行人在道路交通中的行为特性,分析来自这些群体的风险因素,根据不同类的行人进行预防教学。教练员的教学应重点强调行人生命安全的重要性。行人作为弱势交通群体,容易受到伤害,要本着对生命的充分尊重,照顾、礼让弱势人群,尤其是儿童、老人和残疾人,提倡体贴驾驶和文明行车。表5-3为行人的行为特点、风险因素及预防教学方法。

行人的行为特点、风险因素及预防教学方法 表5-3

行 人	行 为 特 点	风 险 因 素	预 防 教 学 方 法
儿童	不能正确判断道路交通危险,没有自我保护意识和自我保护能力,行为无规律,注意力容易被其他事情分散	身材矮小,在驾驶盲区时不易被发现;玩耍时不顾周边情况,遇突发事件,会惊慌失措,错误地选择应对的行为	强调看到儿童时,集中注意力,注意观察其动态,提前采取措施的重要性,特别提醒学员关注儿童,保护儿童的安全

续上表

行人	行为特点	风险因素	预防教学方法
青少年	喜欢东张西望，并排行走，走捷径，表现为勇敢而不顾行为的后果	无视交通法规，占道通行，任意横穿道路	提示学员发现青少年无视周边交通情况时，可鸣喇叭示意其遵守交通规则
老年人	行动迟缓，视力与听力差，反应迟钝，思维容易只集中到某个事物上	不遵守交通法规，经常会滞留在路中，有时横过道路或路口途中突然折身返回	提醒学员遇到老年人时，要减速慢行避让，充分体贴和照顾老年人，礼让他们先通过
盲人	看不见外界情况，但听觉比较灵敏，路边行走要借助盲人通道，横穿街道需其他人帮助	行走遇到干扰时，会突然绕向一侧躲避，且容易出现方向错误，横穿道路需要较长的时间	遇到盲人，要提前减速避让，尽量不要鸣喇叭，防止惊吓和干扰到盲人
聋哑人	听觉较差，对声音刺激感觉迟钝或没有反应	听不到汽车的声音和喇叭声，背向行走或横过道路时不能及时躲避车辆	遇到前方行人没有反应时，要及时减速避让

2 机动车的风险与事故预防

道路上行驶的机动车，由于设计结构、使用功能不同，表现出的交通特点和潜在风险也不同，尤其是机动车的违法行为严重威胁交通安全。教练员要结合实际教学向学员介绍各种机动车的交通特点，分析风险因素，根据不同的机动车进行预防教学。教学中，教练员要重点提醒学员，遇到机动车时要注意观察其动态，控制速度，保持安全距离，预防事故风险，避免发生交通事故。表5-4为机动车交通特点、风险因素及预防教学方法。

机动车交通特点、风险因素及预防教学方法　　　　表5-4

机动车	交通特点	风险因素	预防教学方法
大型客、货车	体积大、盲区大、惯性大、速度慢、控制较难	转向需要较大的空间，转弯内轮差大，容易占道，较大的盲区造成视野受限	提醒学员遇到大型车时，要提前减速，注意保持足够的安全间距，注意观察盲区的交通情况，不要强行超车
城市公交车	起步、停靠和人员上下频繁，盲区比较大	截头停车，起步后突然横跨多车道向左变道；车站停车时常会有人猛然从车前方跑出	让学员注意加大与公交车的安全间距，从公交车侧面经过时，要减速慢行，注意避让横穿的行人
小型汽车	车体小、加速性能好、速度快、操纵灵活	可能会占道抢行，超车后会突然向右行驶或制动	根据小型汽车特点和潜在危险，向学员强调礼让行车的重要性，避免与小型汽车抢行
摩托车	体积较小、速度较快、转弯灵活，稳定性差，安全保障设施差	突然向左或向右行驶，频繁穿插行驶，容易摔倒，没有安全保护	提醒学员发现行驶的摩托车时，要防止摩托车的穿插、摔倒，避免引发交通事故
特种车辆	速度快、享有特权与优先通行权，执行任务时无减速意识	执行任务时不受行驶速度、路线、方向和交通信号限制，随时都会变更行驶路线或抢行	向学员强调礼让特种车辆的重要性，并介绍避让特种车辆的方法，让学员深刻认识到这是一种责任

3 非机动车的风险与事故预防

在道路上通行的非机动车，由于结构、用途、驾驭方式的差异很大，动态规律难以掌握，因而存在各种风险因素，尤其是非机动车的违法和无序通行，已成为道路交通事故的重要隐患。教练员要根据非机动车的通行特点，分析存在的风险因素，进行预防教学。教学中，教练员应重点提示学员，遇到非机动车时要提前做好防范，避免发生剐蹭事故。表5-5为非机动车通行特点、风险因素及预防教学方法。

非机动车通行特点、风险因素及预防教学方法　　　　表5-5

非机动车	通行特点	风险因素	预防教学方法
自行车	体积小、速度慢、转弯灵活，稳定性比较差，干扰性大，安全保障措施较差	行驶中不观察前后方情况，见空就钻，逢慢必超，逢阻必停，逢碰必倒，多车经常会并行后追逐行驶	提醒学员遇到自行车时，要注意观察自行车的动态，保持安全间距，减速慢行
电动自行车	体积小，速度快，灵活度高，稳定性差，干扰性大，安全保障措施较差	行驶中不观察前后交通情况，见空就钻，逢慢必超，有时占用机动车道通行，常有不遵守交通规则的行为（如逆行、闯红灯等）	提醒学员遇到电动自行车时，密切关注电动自行车行驶动态，保持安全间距，减速慢行
人力车	结构简单、速度缓慢、起步困难、避让车辆不及时，载货时占道面积较大	负重时上坡缓慢、往往曲线行驶，下坡则会快速滑行、停车会困难，通过坑洼路段时会突然绕行	提醒学员遇到人力车注意提前减速，仔细观察其动态，超越和交会时，留出安全间距，避免人力车不能及时停住引起相互碰撞
畜力车	车速慢、牲畜容易受惊，不可控因素较多	牲畜遇到意外刺激，易发生惊车；夜间赶车人困之时，牲畜往往会走到道路中间或左侧，不避让机动车	提醒学员遇到畜力车注意提前减速，仔细观察其动态，超越和交会时，留出安全间距，避免鸣喇叭，防止惊车

4 典型交通环境的风险与事故预防

驾驶机动车在各种交通环境中行驶，都可能面临着风险，不同的交通环境构成的危险各不相同。教练员要根据典型交通环境的交通特点，分析风险因素，进行预防教学。教学中，教练员要重点提醒学员在不同的交通环境中，注意观察，控制速度，提前采取预防措施，确保安全行车。表5-6为典型交通环境的交通特点、风险因素及预防教学方法。

典型交通环境的交通特点、风险因素及预防教学方法　　　　表5-6

典型环境	交通特点	风险因素	预防教学方法
平面交叉路口	交通冲突点和交织点多，视线盲区多，车流量大，交通情况非常复杂	视线易被路口的车辆与物体遮挡，转弯交通冲突较多，事故发生的概率增加	提醒学员降低车速，注意观察交通信号、车辆和行人动态，转弯时注意避让行人和其他车辆
铁路道口	道口路面不平坦，放行路段宽度一般都比较窄，列车制动距离长，灵活性不高	通过道口时容易颠簸或被卡住，车辆、行人混行时相互之间会产生干扰	提醒学员在通过铁路道口前，要注意停车瞭望，进行安全确认；通过铁路道口时，选择正确的挡位，匀速低速通过避免在铁轨上加速、减速、制动和停车

续上表

典型环境	交通特点	风险因素	预防教学方法
人行横道	行人横过道路专用，行人有优先权，很多行人通行没有规律	行人通过时，不遵守红绿灯通行规则，会出现突然折身返回或滞留在人行横道上的情况	提醒学员在人行横道前，要降低车速，注意观察、判断行人和非机动车的动态，注意避让行人，文明行车，确保行人安全
学校附近	上下学高峰时段，人员、车辆密集，交通混乱；学生的安全意识相对薄弱	车辆和行人相互交织，交通情况非常复杂；学生喜欢嬉戏、打闹，甚至在道路上追赶、奔跑	提醒学员提前减速，仔细观察交通情况，随时做好停车准备，尤其途经小学、幼儿园附近，注意观察和避让小朋友
隧道	内外明暗反差较大，隧道内光线通常比较暗，路面滑湿	进出隧道眼睛有明暗适应过程，隧道内容易侧滑，出口处会受到横风影响，雨天出口处会出现雨幕"帘布效应"	提醒学员进隧道前，开启示廓灯和近光灯，减速靠右行驶，不得超车；在出口处，握稳转向盘，防止横风影响造成偏移或受"帘布效应"造成错觉
弯道	弯道处两侧遮挡视线，急弯道看不到对面的情况	转弯时离心力对车辆行驶影响大，弯道处难以及时发现前方障碍物	提醒学员减速、鸣号、靠右行，跟车增大车间距，掌握转动和回正转向盘时机，减小转弯时的离心力，提高行驶稳定性

第六章 紧急情况应急处置

车辆行驶过程中，可能会发生轮胎爆裂、转向失控、制动失效、车辆侧滑等紧急情况，此时能否有效地规避危险和逃生，取决于驾驶员应急措施是否及时、恰当和有效。驾驶员只有具备良好的心理素质，掌握一定的应急处置方法，在遇到险情时才能临危不乱，遵循紧急情况处置原则，冷静地采取行之有效的方法减轻损失。因此，教练员应让学员掌握一些典型紧急情况下的应急驾驶方法，以避免或减少交通事故的发生。

第一节 培养紧急情况临危处置的意识和能力

教练员要注意培养学员紧急情况临危处置的意识和能力，要让学员认识到，严格遵守交通法规、掌握熟练驾驶技术，是保证安全行车的基础；正确的临危处置措施，是规避险情和减少损失的关键技术。面对千变万化的道路交通状况，驾驶机动车必须具备处理突发交通情况的知识与较强的应变能力，遇到危险或紧急情况时，才能采取有效的应急处置措施。教练员在驾驶教学过程中，要让学员掌握紧急情况下应急处置的原则和方法，并利用各种教学手段给学员讲授临危处置知识，让学员了解一些常见的临危应急处置知识，增强应急处置意识，培养临危处置的能力。在将来一旦遇到类似情况时，正确应对，不至于手忙脚乱，不知所措，甚至引发事故。

1 紧急情况处置的原则

（1）先人后物：驾驶机动车遇到紧急情况或危险危及人员伤亡时，先人后物、损物不伤人，是避险时最基本的处置原则。人的生命是最宝贵的，在任何情况下，首先应当考虑人的安全，只要确保人身安全，其他的一切都是可以通过人的努力去改变的。

（2）避重就轻：驾驶机动车遇到紧急事态或突然出现在车前的障碍物时，采用避重就轻的原则，就是要采取将损失减少到最低限度的避险措施，尽量避开损失较重或危害较大的一方，而向着损失较轻或危害较小的一方避让。在车速较高的状态下紧急避险，应先制动减速，使车辆处于停止或低速行进状态后再转向避让。在低速行驶的情况下紧急避险，可采取先转向后制动的应急措施。

2 轮胎漏气或爆胎的应急处置

车辆行驶中常见的轮胎故障表现为轮胎漏气和轮胎爆裂，尤其是在高速公路上行车时，轮胎爆裂的事故后果更为严重。汽车轮胎故障已经成为安全行车的一大隐患。如何减少轮胎故障，避免因轮胎故障而导致的伤亡事故，是驾驶教学的一项重要内容。

行车中发现轮胎漏气时，要紧握转向盘，极力控制行驶方向，缓慢制动减速，尽快驶离行车道，停到安全的地方。在轮胎气压较低的状态下行驶时，随着胎压的下降，轮胎与地面的摩擦成倍增加，胎温急剧升高，轮胎变软，强度急剧下降，轮胎会出现波浪变形而导致爆胎。

行车中意识到前轮胎爆裂时，要保持镇定，松抬加速踏板，双手紧握转向盘，极力控制住行驶方向，尽量保持车身正直向前直线行驶。同时，迅速采用抢挂低速挡、轻踏制动踏板的措施，利用发动机制动缓慢减速，尽快平稳停车。在发动机制动作用尚未控制住车速时，不可采取紧急制动停车，以免车辆横甩发生更大的危险。

3 转向突然不灵或失控时的应急处置

汽车行驶中常见的转向系故障主要表现为转向突然不灵或转向失控，如果不能采取正确有效的处置方法，很容易发生车辆倾翻、碰撞等交通事故。行车中发现转向突然不灵或失控时，最有效的控制方法就是平稳制动，尽快减速，选择安全地点将车停住，严禁继续行驶。当行车中发生转向失控时，要立即松抬加速踏板，缓踩制动踏板，及时将车速降下来。不可采取紧急制动来减速。转向失控后，车辆偏离直线行驶方向时，要果断地连续"踩踏-放松"制动踏板，使车辆尽快减速停车。遇车辆转向失控，行驶方向偏离，碰撞事故已经无可避免时，要尽快减速，尽可能地缩短停车距离，减轻撞击力度，减小损失。

装有动力转向的车辆突然发现转向困难、操作费力时，安全的处置方法是尽快减速，选择安全地点停车，查明原因。因转向失控、行驶方向偏离，事故已经无可避免时，要果断地采取紧急制动，也可采取果断地连续"踩踏-放松"制动踏板，尽量缩短停车距离，减轻撞车力度。

4 制动突然失灵时的应急处置

行车中发现制动突然失灵时，要沉着镇静，握紧转向盘，以控制方向为第一应急措施，再利用"抢挡"或驻车制动器减速。使用驻车制动器时，为发挥其最大制动作用，不可将操纵杆一次性拉紧。在冰雪、湿滑、砾石路面或者比较光滑的路面上制动失灵后车辆偏离方向时，应立即松开制动踏板，在控制方向后再采用减速措施。

在山路下坡中制动突然失效时，应首先利用路边专设的避险车道停车。不得已的情况下，可利用车身靠向路边的岩石或树林碰擦，或用前保险杠侧面撞击山坡，迫使车辆停住。如果没有可以利用的地形和时机，可迅速逐级或越一级减挡，利用发动机制动作用控制车速。

5 发动机突然熄火时的应急处置

行车中发动机突然熄火后,要保持冷静,先开启右转向灯,尽快靠右减速行驶,在低车速行驶条件下重新起动发动机。若不能再次起动发动机时,将车缓慢滑行到路边停靠,开启危险报警闪光灯,车后按规定放置三角警告标志牌后,检查熄火原因。不得在行车道或高速行驶中尝试起动发动机,靠右行驶或停车时一定要注意道路上的车辆和行人动态,避免发生交通事故。

6 车辆侧滑时的应急处置

行车中因转向、制动或碰撞等原因引起车辆侧滑时,要迅速抬起加速踏板,同时向侧滑的一侧转动转向盘适量修正,并及时回转进行调整,待方向修正后再继续行驶。车辆侧滑时,不可使用行车制动,更不能进行紧急制动,紧急制动时的反作用力,会使车轮与路面附着力变小,加大侧滑力,使车辆失去控制。

7 遇横风时的应急处置

驾驶车辆行至高速公路隧道出口或凿开的山谷出口处,遇到横风的干扰时,要抬起加速踏板,握稳转向盘;受横风影响而发生明显偏离时,适当地向迎风一侧缓慢修正方向。车速较快时,可连续轻踏制动踏板减速,不得猛转转向盘和紧急制动,以免因速度过快,附着力变差,稳定性下降,在离心力的作用下,发生横向滑移,甚至发生翻车事故。

8 车辆碰撞时的应急处置

行车中与其他车辆有迎面碰撞可能时,可先向有利的一侧稍转方向,随即适量回转,努力使迎面碰撞变为侧面碰撞或剐蹭,减小伤害。与其他车辆已不可避免地发生正面碰撞时,应紧急制动,以减少正面碰撞力。若无法避免与来车正面相撞时,要迅速判断撞击的方位和力量,如果判断撞击的方位不在驾驶员一侧或撞击力较小时,可紧握转向盘,两腿向前蹬直,身体向后倾斜,紧靠座椅后背,以此形成与惯性方向相反的力,保持身体平衡,避免车辆在撞击时,头撞到驾驶室其他物体上受伤;如果判断撞击的方位临近驾驶座位或撞击力较大时,要迅速放开转向盘,并抬起双腿,身体侧卧于右侧座位上,或尽量往右侧驾驶座位上移动,避免身体被转向盘抵住,可以降低驾驶员受伤害的程度。

9 车辆倾翻时的应急处置

行驶中意外发生缓慢翻车有可能跳车逃生时,要向翻车相反方向跳车。车辆向深沟连续翻滚时,身体应迅速躲向座椅前下方,抓住转向盘管或踏板等固定物将身体稳住,避免身体滚动受伤。在车中感到不可避免地要被抛出车外时,应在被抛出的瞬间,猛蹬双腿,增加向外抛出的力量,借势跳出车外。落地后,要力争双手抱头顺势向惯性力的方向多滚动一段距离,以躲开车体,增大离开危险区的距离。

10 遇到大、暴雪时的应急处置

冬季行车突然遇到暴雪时,要及时减速,当刮水器不能及时清理风窗玻璃的积雪时,要选择安全地点停车,并打开示廓灯和危险报警闪光灯,待雪小时再继续行驶。路面积雪变深、道路的轮廓难以辨别时,要根据道路两旁的树木、电线杆等参照物判断行驶路线,控制车速,低速行驶;在有车辙的路段应循车辙行驶,不可急打急回转向盘,以防车辆侧滑偏出道路。

大雪天在弯路、坡道及河谷等危险地段行驶时,更要注意选择好行驶路线;路况稍有可疑要立即停车,待察看清楚确认安全后再继续行驶。通过傍山险路降雪路段,要根据雪的厚度、坡道大小、弯道急缓及路面宽窄等情况,决定能否通过,必要时停车勘查,不可盲目冒险行驶。

11 车辆发生火灾时的应急处置

行车中发生火灾时,要设法将车辆停在远离城镇、建筑物、树木、车辆及易燃物的空旷地带,及时把事故情况和地点通报给救援机构。在高速公路上发生火灾时,不可将车驶进服务区或停车场。在逃离火灾前,要关闭点火开关、电源总开关,并设法断开油路。发动机着火时,严禁开启发动机舱盖灭火;燃油着火时,不能用水灭火,以防加剧火势蔓延。防冻液着火时,可立即用水浇泼着火部位,以降低酒精防冻液的浓度。

救火时要脱去所穿的化纤服装,注意保护暴露在外面的皮肤,不要张嘴呼吸或高声呐喊,以免烟火灼伤上呼吸道。使用灭火器灭火时人要站在上风处,尽量远离火源,灭火器瞄准火源。

12 车辆落水后的应急处置

车辆行驶中突然落水时,要保持清醒的头脑,并告知乘员不要慌张,做好深呼吸。同时迅速判明水底、水面的方向和水的深度,判断水是否能淹没车辆。如果驾驶室不会被淹没,要待车辆稳定后,再设法从安全的出口处脱离车辆。由于外部水的压力较大很难开启车门时,可迅速开启车窗或敲碎车窗玻璃或用脚踹碎车窗玻璃,才有逃生的希望。如果有条件,可找大塑料袋套在头上,匝紧脖子(注意不要漏气),塑料袋内的空气可以保证足够上浮的氧气。如果不会游泳,可在离开车前在车内找一些能浮的物件抓住。只要浮出水面,就会有更多获救的希望。

13 遇到大、暴雨时的应急处置

行车中遇到突降大雨时,要及时打开刮水器,减速行驶,仔细观察道路交通情况,注意道路上通行的车辆和行人,做好随时停车的准备,预防车辆和行人突然改变行驶路线和行走方向而发生危险。遇到特大暴雨,能见度很低,刮水器的作用不能满足要求时,不要冒险行驶,要选择安全地点停车,并打开示廓灯和危险报警闪光灯,待雨小或雨停时再继续行驶。

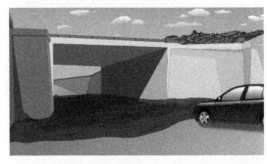

大暴雨中通过涵洞、低洼路面时,要注

意蓄水高度，并充分估计道路排水能力，及时减速或停车进行观察，水的深度超过车辆通行的最高水位线时，及时改变行驶路线绕行，不要盲目通行，更不能加速通过，以免陷入深水中。暴雨天通过漫水路、漫水桥前，要停车测试水的深度、流速、流向，判断路或桥面是否被水冲坏，不得盲目涉水。水的深度不影响正常通过时，要用低速挡缓行通过。水深超过车辆规定涉水深度时，不得盲目冒险通过。

14 隧道起火事故应急处置及逃生方法

隧道发生火灾时，驾驶员应遵循"自救为主、外救为辅"的原则，积极开展自救逃生，火灾发生初期以自救为主，当火势较大时应以逃生为主。

驾驶员发现自身车辆起火时，应尽量将车辆驶出隧道，不要在隧道内停车；如果车辆无法驶出隧道，应尽可能停靠在隧道右侧的紧急停车带上；如果车辆停在行车道内无法移动，驾驶员应立即开启危险报警闪光灯，在保证自身安全的前提下，在来车方向150m以外设置三角警告标志牌，并迅速报警，手机信号弱时，驾驶员可使用隧道内配备的紧急电话和手动报警按钮报警，以及时通知隧道中央控制室人员起火位置及着火情况，便于其及时发布应急广播，引导驾乘人员快速、有序疏散。火灾初期，驾驶员可以利用车载灭火器或隧道内的消防设施灭火。

驾驶员发现隧道内其他车辆自燃或着火时，在起火车辆前方的车辆应快速驶离隧道。位于起火车辆后方的车辆，如前方无法正常通行，驾驶员可根据隧道中央控制室的指挥，寻找最近的车行横通道撤离。因前方发生火情造成拥堵无法撤离时，驾乘人员应果断熄火后下车逃生。逃生时要将车钥匙留在车内，方便救援人员在紧急情况下移走车辆，打开"生命通道"。切记不可掉头逆向驶出隧道，以防引发二次事故。

隧道火灾逃生方法。逃生时，最好是用打湿的手帕或衣物捂住口鼻，俯身或爬行向烟雾飘散的反方向快速移动，根据隧道内的疏散标志寻找隧道出入口或最近的逃生设施离开起火隧道。隧道内的逃生设施有人行横通道、车行横通道、平行通道、隧道车道板下通道、竖井、斜井等。通过人行横通道、车行横通道撤离至对向隧道的人员，在离开通道后，不要在车行道行走，要沿路侧检修道贴墙行走，避开对向隧道内高速行驶的车辆。

15 高速公路紧急情况的应急处置

在高速公路行车遇到前车掉下货物、突然横穿的动物或发现前方有人横穿时，不能急转方向躲避，最安全的应急处置措施是立即制动减速，使车辆处于低速行进或停止状态下碰撞。高速行驶状态下，迅速转向躲避或先转向后制动，都会导致车辆失控，危及生命安全。

16 紧急情况停车的应急处置

在道路上遇突发情况必须停车时，要尽可能地将车辆停到右侧路肩、紧急停车带或应急车道等不妨碍其他车辆通行的地方，立即开启危险报警闪光灯；如果车辆难以移动，应当持续开启危险报警闪光灯。同时，在来车方向设置警告标志等措施扩大示警距离，普通道路上警告标志应设置在车辆来车方向50~100米处，高速公路上警告标志应当设置在车辆来车方向150米以外。车上人员都应迅速转移到右侧路肩、应急车道或车后护栏外等安全位置避险，不要因紧急情况避险造成二次事故或更大的损失。

夜间需要开启示廓灯和尾灯，大雾天遇事故不能继续行驶时，尽快从右侧离开车辆，开启危险报警闪光灯和示廓灯，驾驶员不要迎着来车设置警告标志。

雨天在高速公路行车中发生"水滑"现象时，要握稳转向盘，逐渐降低车速，不要急踩制动踏板或猛打转向盘。在高速公路意外碰撞护栏时，采取的保护措施是稳住方向，适当向碰撞一侧转向，迫使车辆减速停住。如果迅速修正转向盘或向相反方向转向，会导致车辆发生连续碰撞两侧护栏，甚至发生倾翻事故。

第二节 事故现场的应急处置及常用伤员救护方法

一 事故现场的应急处置

1 立即停车

交通事故发生后，驾驶员必须立即停车，拉紧驻车制动器操纵杆，切断电源，开启危险报警闪光灯，并在车辆后方按规定设置危险警告标志。如在夜间发生交通事故，还需要开启示廓灯和尾灯。

2 及时报案

在道路交通事故发生后，驾驶员应及时将事故发生的时间、地点、人员伤亡情况等，通过拨打122报警电话或委托过往车辆、行人附近的公安交通管理部门报案并向所在企业报告相关情况。涉嫌交通肇事逃逸的，还应当说明肇事车辆的车型、颜色、特征及其逃逸方向、逃逸驾驶员的体貌特征等有关情况。在报案的同时，可向附近的医疗单位、急救中心求援。如果现场发生火灾，还应向消防部门报告。

3 抢救伤员

在确认伤员的伤情后，能采取紧急抢救措施的，应尽最大努力对其实施抢救，救护方法包括止血、包扎、固定、搬运和心肺复苏等。

4 保护现场

为使公安交通管理部门准确勘查现场，为分析事故原因提供确切的资料，驾驶员应在不妨碍抢救伤员的情况下，尽力保护好事故现场。在条件允许的情况下，迅速用粉笔、砖、石块等将伤员倒卧的位置和姿势记下来。遇有雨、雾天和大风等天气时，为保护事故现场痕迹不被破坏，应用席子、塑料布、油布等盖上现场痕迹。对事故现场散落的物品，应妥善保护，注意防盗防抢。

5 做好防火防爆措施

在交通事故现场，驾驶员还应做好防火防爆措施。首先，应关闭发动机，消除一切可能引起火灾的隐患。如事故现场有扩大事故的因素，如油箱撞破，燃油外泄，应立即疏散乘客到安全地点，并隔离现场。载有危险物品的车辆发生交通事故时，要及时将危险物品的化学特性（是否有毒、是否易燃易爆、是否具有腐蚀性）以及装载量、泄漏量等情况通知相关部门，以便采取相应的防范措施。

二 二次事故防范方法

二次事故是指交通事故发生后，后车或来车来不及反应或未及时发现事故现场而产生的次生及后延事故。二次事故往往和初次事故的时间间隔比较短，但比初次事故具有更强的破坏性，一旦发生，很有可能引发恶性的连锁反应，如追尾、后车碰撞或者碾压现场人员等，极易造成更大的人员伤亡和财产损失，所以防范二次事故尤为重要。

防范二次事故应从以下方面入手：

（1）足距离。与前车保持足够的安全距离，尤其是在高速公路上，前车一旦发生事故，应留有足够的安全空间去躲避事故车辆。

（2）控速度。要按照规定的车速行驶，这样有利于及时发现事故车辆，提前作出合理的判断，规避二次事故的发生。

（3）车靠边。事故发生后，如果车辆还能移动，应迅速将车辆移动到靠边的应急车道或右侧路肩，并拉紧驻车制动器。如车辆无法移动，持续开启危险报警闪光灯，同时，在确保安全的前提下，迅速在来车方向设置警告标志等措施扩大示警距离，警示后方来车注意避让。

（4）人撤离。所有车内人员应迅速转移到车后方的护栏外等安全地带。如果事故位于桥梁处，一定要看清楚桥梁外的环境，悬空、临水、缝隙处切勿盲目翻越。如果事故发生在隧道，人员可转移到逃生通道处。

（5）即报警。拨打报警求助电话，将事故方向、地点及人员伤亡等情况清楚说明，并在安全的地方等待救援。

三 与危险物品运输车辆发生交通事故的处置方法

（1）立即停车。尽可能将车辆停放在公路的开阔处或高速公路的紧急停车带、右侧路肩或应急车道内。车辆停稳后，要拉紧驻车制动器操纵杆，关闭发动机，开启危险报警闪光灯，夜间还应开启示廓灯、尾灯。然后在车辆来车方向50~100m处设置警告标志，如果在高速公路上，应在150m外设置警告标志。

（2）紧急疏散。发生危险物品泄漏、着火等危险情况时，驾驶员应尽快组织车上乘员下车撤离或协助危险物品运输车相关人员撤离到上风安全区域，同时做好隔离和警戒工作，劝导周围群众不围观，并远离危险区域。

（3）报警求助。发生紧急情况时，驾驶员在转移到安全区域后，要根据事故现场情况向当地消防部门、公安部门、急救中心等请求援助。

（4）抢救伤员。事故现场有人员伤亡的，驾驶员应立即协助抢救受伤人员（如止血、包扎、固定），及时将轻微伤员和其他人员疏散到安全地带。因抢救伤员变动现场的，应标记伤员的原始位置。

（5）及时汇报。驾驶员应当迅速向事发地公安交通管理部门、交通运输部门和运输企业报告事故的有关内容，包括时间、地点、危险品泄漏和着火情况、人员伤亡情况以及初步估计的事故原因等。

四 伤员救护原则

交通事故中的伤员可能是多发伤、复合伤或群体伤，加之交通事故现场环境比较复杂、混乱，救护条件较差，现场救护需要分轻重缓急，坚持"先救命、后治伤，先救重伤员，再救轻伤员"的救护原则，尽量采取减轻伤员痛苦和减少死亡的措施。进行伤员救护要做到以下几点：

（1）对事故现场周边的环境要进行认真观察，确认无安全隐患，同时确保自身和伤员的安全后，开始采取救护措施，并要求操作迅速、平稳。

（2）认真查看伤员的伤情，判断伤员是否有意识、呼吸和心跳，对呼吸和心跳停止的伤员，应迅速采取心肺复苏措施。

（3）对脊柱损伤的伤员不能采取拖、拽、抱的方式；伤员大量出血时，首先应快速、有效地对其进行止血操作。

（4）对需要进行包扎处理的伤员，应先包扎其头部、胸部和腹部伤口，再包扎其四肢伤口；对需要进行固定处理的伤员，应先固定颈部，再固定四肢。

五 危重伤员的应急救护措施

1 头部损伤伤员的救护

如果伤员神志清醒，呼吸脉搏正常，损伤不严重时，可进行伤部止血，包扎处理后，扶伤员靠墙或树旁坐下，找一块垫子将头和肩垫好。若伤员出现昏迷，则要保持其呼吸道畅通，并密切注意其呼吸和脉搏的情况。在救护转移时，护送人员扶置伤员呈半侧卧状，头部用衣物垫好，略加固定后再转移。

2 失血伤员的救护

如果伤员失血过多，将会出现休克等症状，对生命造成很大威胁。对失血伤员，可通过外部压力使伤口流血止住，然后系上绷带。流血止住后，接着应采取一些防止休克的措施。

3 昏迷不醒伤员的救护

昏迷失去知觉的伤员，其症状是不会讲话，抢救前应先检查其呼吸情况，并使其保持侧卧位。

4 休克伤员的救护

受伤者失血过多会出现休克，其症状为面色苍白、四肢发凉、额部出汗、口吐白沫、显著焦躁不安，脉搏跳动变得越来越快和虚弱，最后脉搏几乎摸不出来。这些症状有时会部分出现，有时也会同时出现。休克时间过长，可能导致伤员死亡，伤员出现休克时应及时采取下列急救措施：

（1）将伤员安置到安静的环境；

（2）抬起伤员腿部直到处于与地面垂直状态，使休克停止；

（3）采取保暖措施，防止热损耗；

（4）反复检查呼吸和脉搏情况；

（5）迅速呼救并送往医院。

5 呼吸中断伤员的救护

呼吸中断伤员的症状为无呼吸声音和无呼吸运动。伤员呼吸中断后，应立即进行抢救，否则会由于缺氧而危及生命。抢救时，抬起下颌使呼吸道畅通，对恢复呼吸作用很大。如果伤员仍不能呼吸，要进行口对口的人工呼吸。如果人工呼吸不能起作用时，要检查嘴和咽喉中是否有异物，并设法排除，继续进行人工呼吸。

6 烧伤伤员的救护

烧伤伤员的症状为皮肤发红、起泡、感觉疼痛。内部组织受损的烧伤可引起呼吸困难、休克、烧伤性疾病等危险。对烧伤伤员应采取下列急救措施：

（1）迅速扑灭衣服上的火焰或脱掉烧着的衣服；

（2）全身燃烧时，可向身上喷冷水；

（3）用消过毒的绷带包扎伤口；

（4）防止热损耗，可饮适当浓度的盐水；

（5）伤口处不可使用粉剂、油剂、油膏或油等敷料；

（6）脸部烧伤时，不要用水冲洗，也不要覆盖；

（7）反复检查呼吸和脉搏，防止休克。

7 中毒伤员的救护

（1）迅速把中毒的伤员送到有新鲜空气的地方，以防止继续中毒；

（2）对昏迷不醒的伤员要使其保持侧卧位；

（3）反复检查呼吸和脉搏，如呼吸停止，应对其进行人工呼吸。

六 伤员急救常识

驾驶员往往是交通事故的第一现场人员，掌握正确的伤员救护知识，对于赢得宝贵的抢救时间，获得较好的伤员救治效果，降低事故伤残率、死亡率，具有十分重要的意义。

1 事故现场的伤员救护原则

（1）正确判断伤情。在事故现场发现伤员时，应先对伤员的处境和伤情进行全面检查和判断，比如，是否有重物压在伤员的身上，是否有异物插入伤员的体内，伤员是否出现昏迷、呼吸中断等症状，伤员是否出血、骨折等。对于意识清醒的伤员，应询问哪里疼痛和不适，初步判断受伤部位和伤情，以便选择正确的急救方法；对于意识不清醒的伤员，应保持其呼吸道开放畅通，视情采取心肺复苏抢救措施。

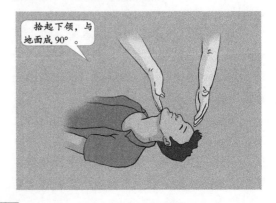

抬起下颌，与地面成90°。

（2）科学施救，避免造成二次伤害。抢救人员要沉着、仔细，根据伤员的处境和伤情，科学实施救护。从车体中移出伤员时，动作要轻柔，尽可能移开压在伤员身上的物品，而不要强行拉拽伤员的肢体；不要随意拔出插入伤员体内的异物；正确搬运伤员，避免因搬运不当造成伤员的伤势加重。

（3）选择安全的场所实施救护。尽快将伤员救离事故现场，尽量选择广场和空地等开阔区域，在救护车能够接近的安全地方和夜间有照明的地方实施抢救，不能在弯道、坡道或交叉路口等危险区域实施抢救。应尽可能用救护车运送伤员，使伤员平卧，减少运送途中的二次损伤。

（4）先救命，后治伤。在等待专业救护人员赶赴事故现场时，应先抢救存在昏迷、休克、呼吸中断等症状的重伤员，再护理一般的伤员，对伤员进行伤口包扎、固定等处理。

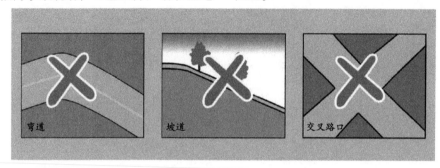

2 常用伤员急救方法

交通事故造成的损伤往往以外伤、颅脑损伤和骨折伤居多，而且具有伤势严重、伤情隐蔽和伤情发展迅速的特点。在事故现场，救护者应根据伤员的具体伤情和现场条件，采取正确的救护方法。

① 对意识清醒的伤员进行救护

对于意识清醒的伤员，应询问哪里疼痛和不适，初步判断受损部位，以便选择正确的搬运方法，将伤员搬离受损车辆或行车道，实施紧急救护。

搬运伤员时要根据伤情轻重和种类分别采取搀扶、背运和多人搬运等措施；对疑有脊柱、骨盆骨折不宜站立行走者，宜多人水平搬运或担架搬运；对有下肢骨折、内脏损伤者宜担架搬运。

具体的搬运方法有：

（1）单人腋下平躺拖行。救援者弯腰下蹲，双手从伤员腋后插入腋下，钩住伤员腋窝，水平拖行。

（2）单人抱持。救援者位于伤员一侧，一手托住伤员的双腿，另一只手紧抱伤员肩部。

（3）多人平抬法。这种方法主要针对怀疑有颈椎损伤和脊柱损伤的伤员。具体办法是：一人抱伤员双肩和头部，一人托住伤员腰臀部，第三人托住双下肢，水平搬运伤员。疑有颈椎损伤时宜有一人托住头颈搬运。

❷ 对无法言语、存在意识丧失和心跳、呼吸骤停伤员的抢救

对于这类伤员的基本抢救步骤如下。

（1）判断意识。轻推呼喊伤员，如对此刺激无反应，表明意识丧失，应立即将伤员改为侧卧位，救援者位于伤员一侧，并紧急高声呼叫其他救援者帮助。

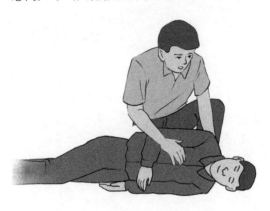

（2）保持呼吸道开放畅通。抬起伤员下颌，清理气道和口中可能存在的异物，保持其呼吸气道的开放畅通，贴近伤员5s，判断有无呼吸。如果没有呼吸，应立即进行口对口人工呼吸，具体方法为：捏紧伤员鼻翼，包严嘴唇，用力连续吹气2次，每次2s，如果吹气后胸部起伏，说明气道通畅；如果无胸部起伏，说明气道没有开放，需要重新清理口腔和鼻腔内异物，抬高下颌，再次开放气道。

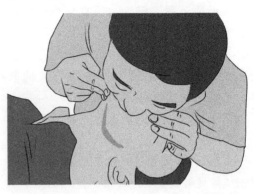

（3）实施胸外心脏按压。触摸伤员颈动脉，如果没有搏动，说明心脏停搏、循环停止，应立即进行胸外心脏按压，具体方法为：双手交叉重叠，用手掌根垂直向下施力，按压位于胸骨中下部1/3处部位，要求双臂伸直，每次下压胸部4～5cm后自然放松，但手掌不离开胸部，频率为100次/min，以每30次按压后加做2次口对口吹气作为一遍操作，连续做4遍或进行3～4min后，重新评估呼吸、循环系统的状况。

如果伤员心跳恢复，则停止操作，继续监测呼吸、脉搏，等待专业救援；如果仍旧没有恢复，则继续实施心肺复苏，每隔3～4min停止操作，监测呼吸、循环系统状况一次，直到呼吸、循环系统功能恢复，在专业救援人员到达之前不要轻易放弃，也可以2人轮换对伤员进行心肺复苏，但是中断时间不要超过5s。心肺复苏成功后的治疗由专业医护人员进行。

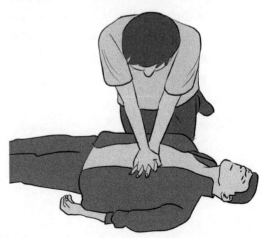

（4）心肺复苏的中止条件：伤员自主呼吸和脉搏恢复，复苏成功；专业救援人员到场接替；有医生到场宣布伤员死亡；救护人员经过长时间积极复苏，以致救护人员筋疲力尽，仍无自主呼吸和脉搏恢复。

3 对开放性骨折伤员的处理

肢体的开放性骨折，表现为创面大量出血，伤员很快会因为出血而产生休克。救护时首先应进行止血和包扎(按活动性出血处理)，然后针对不同的肢体部位进行相应的固定。救护时要注意：千万不要将骨折块还纳复位。

对上肢的骨折可用夹板或树枝固定，用三角巾悬吊绑缚，并检查末端血液循环的情况，以防肢体缺乏血液供应而坏死。

对下肢的骨折可采用加压包扎后用长夹板或木板固定，并检查肢体末端血液循环的情况，以防肢体缺乏血液供应而坏死。

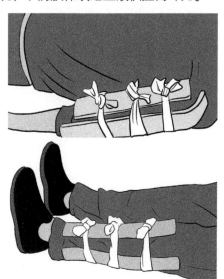

4 对脊柱、颈椎损伤伤员的救护

脊柱骨折损伤常造成瘫痪，伤员自感腰部疼痛或下肢神经减退，因此，救护时要使脊柱骨折伤员就地静卧，切忌脊柱弯曲或扭转，以免造成终身截瘫。

（1）脊柱损伤伤员的搬运。在运送脊柱损伤伤员时，应由3人站在伤员右侧，分别托住肩背部、臀腰部和双下肢，在一人口令下，协同将伤员搬至硬质担架上。

（2）颈椎骨折伤员的搬运。颈椎骨折伤员应由一人负责托住头部，保持头与身体成一直线，其他人员在伤员左侧，分别托下肢、臀腰部和肩背部，在统一口令下协同将伤员搬至硬质担架上。严禁强行搬动头部，伤员睡到担架上后，用沙袋或折好的衣物放在颈的两侧加以固定。

5 对严重烧伤伤员的处理

应迅速扑灭严重烧伤者身上的明火，脱去燃烧的衣物，用冷水对燃烧部位进行喷洒，并让伤员适量饮用淡盐水，以防脱水休克。对烧伤创面应使用消毒纱布或清洁的被单覆盖(但是脸部宜暴露，不宜覆盖)，同时要注意防止创面再次污染。对烧伤的伤员，不要轻易使用粉剂、油膏等敷料，最好尽快将伤员转送附近医院。

6 酸碱腐蚀性化学品外泄受伤的伤员的处理

在救护酸碱腐蚀性化学品外泄引起受伤的伤员时，救护者首先要做好自我防护。防护的办法包括：用湿毛巾外覆口鼻，减少呼吸道刺激；戴好防护手套或穿好防化服。

对被少量腐蚀化学品沾染的部位，应立即用干毛巾或纸巾蘸吸，并用大量清水冲洗15min以上；如果伤员身体被大面积沾染，应迅速脱去其身上衣服，用大量清水冲洗20min以上；如果伤员将腐蚀液误入口腔，可用牛奶、鸡蛋清或米汤、面糊等灌食，以保护胃肠道。